한자능력검정시험

급수한자 따라잡기

1급

급수한자 따라잡기 1급

초판 1쇄 인쇄 · 2007년 10월 15일 | 초판 1쇄 · 발행 2007년 10월 20일
지은이 · 편집부 | 펴낸이 · 성무림 | 펴낸곳 · 도서출판 매일
주소 · 서울 종로구 숭인동 1421-2 동원빌딩 201호 | 전화 · (02) 2232-4008 | 팩스 · (02) 2232-4009
출판등록 · 2001년 8월 16일 (제6 - 0567호)

ISBN · 978-89-90134-48-6   03640

*잘못된 책은 구입처에서 교환해드립니다. *책 값은 뒤표지에 있습니다.

한자능력검정시험

급수한자
따라잡기

1급

편집부 편

매일출판

머리말

우리말의 70%가 한자인 현실에서 이제 한자는 한글 세대에게도 필수적인 글자가 되었다.

우리의 생활 환경 속에는 한자어로 표기된 문서나 출판물들이 너무나 많고, 글을 이해하고 표현하는 데에 한자가 없이는 그 뜻이 분명치 않은 것은 어쩔 수 없는 사실이다. 이 말은 다시 말해서 한자를 모르면 우리말을 제대로 표현할 수 없다는 얘기다.

이 책은 한자를 배우고자 하는 사람들이나, 한자능력검정 및 각종 시험에 응시하는 사람들을 위해 펴낸 것으로, 보다 효율적이고 활용적으로 공부할 수 있게 만들었다.

이 책의 특장점은 다음과 같다.

첫째, 한자를 공부하는 데 꼭 필요한 중요 부수 220자를 익히도록 했고, 한자를 각 급수별로 구분해서 수록했다.
둘째, 가나다순으로 한자를 배열하여 알기 쉽게 했다.
셋째, 각 한자별로 필순(쓰는 순서)을 곁들여 익히도록 했다.
넷째, 부록에 유의어, 반의어, 상대어, 동의어, 동음이의어 등을 수록하여 자의(字義) 및 어의(語義)의 변화를 공부할 수 있도록 했다.

차 례

1장 중요부수 220자 --------- 9

2장 1급 배정한자 --------- 19

부록 자의(字義) 및 어의(語義)의 변화 -- 307

1장
중요부수 220자

1획

一 한 일
한 획으로 가로그어 '하나'를 뜻함.

丨 뚫을 곤
위아래를 뚫어 사물의 통함을 뜻함.

丶 점, 심지 주
등불의 불꽃 모양을 본뜬 글자.

丿 삐침 별
왼쪽으로 구부러지는 모양을 나타냄.

乙(乚) 새 을
날아 오르는 새의 모양을 본뜬 글자.

亅 갈고리 궐
아래 끝이 굽어진 갈고리 모양의 글자.

2획

二 두 이
가로 그은 획이 두 개니 '둘'을 뜻함.

亠 머리 해
특별한 뜻 없이 亥의 머리 부분을 따옴.

人(亻) 사람 인
사람이 팔을 뻗친 옆 모습을 나타냄.

儿 어진 사람 인
사람의 두 다리 모양을 나타낸 글자.

入 들 입
하나의 줄기에서 갈라진 뿌리가 땅 속으로 뻗어 가는 모양의 글자.

八 여덟 팔
나누어져 등지는 모양을 나타냄.

冂 멀 경
경계 밖의 먼 곳으로 길이 잇닿아 있는 모양을 나타낸 글자.

冖 덮을 멱
보자기로 덮인 것 같은 모양의 글자.

冫 얼음 빙
얼음이 얼 때 생기는 결을 나타냄.

几 안석 궤
걸상의 모양을 나타낸 글자.

凵 입벌릴 감
물건을 담는 그릇이나 상자를 나타냄.

刀(刂) 칼 도
날이 굽어진 칼 모양의 글자.

力 힘 력
힘 준 팔에 근육이 불거진 모양의 글자.

勹 쌀 포
몸을 굽혀 품에 감싸 안는 모양의 글자.

匕 비수 비
앉은 이에게 칼을 들이댄 모양의 글자.

匚 상자 방
네모난 상자를 본뜬 글자.

匸 감출 혜
위는 덮어진 모양이고, 감춘 모양으로 '감추다'는 뜻을 나타냄.

十 열 십
동, 서, 남, 북이 서로 엇갈려 모두를 갖추었음을 나타낸 글자.

卜 점 복
거북의 등에 나타난 선 모양의 글자.

卩(㔾) 병부 절
병부(兵符)를 반으로 나눈 모양의 글자.

厂 언덕 엄
언덕을 덮은 바위 모양을 나타냄.

厶 마늘 모
늘어 놓은 마늘 모양의 글자.

又 또 우
팔과 손을 움직이는 모양을 나타냄.

口 입 구
사람의 입 모양을 본뜬 글자.

囗 에워쌀 위
사방을 빙 둘러싼 모양의 글자.

土 흙 토
위의 'ㅡ'은 땅 표면을, 아래의 'ㅡ'은 땅 속을 뜻해 땅에서 싹이 나는 모양의 글자.

士 선비 사
선비는 'ㅡ'에서 '十'까지 잘 알아야 맡은 일을 능히 해낸다는 뜻의 글자.

夂 뒤져올 치
뒤져 온다는 뜻으로, 왼쪽을 향한 두획은 두 다리를, 오른쪽을 향한 획은 뒤 따라 오는 사람의 다리를 의미함.

夊 천천히걸을 쇠
오른쪽을 향한 획은 지팡이 같은 것에 끌려 더딘 걸음을 나타낸 글자.

夕 저녁 석
'月'에서 한 획이 빠져 빛이 약해진 것을 뜻하여 어두운 저녁을 나타낸 글자.

大 큰 대
사람이 손발을 크고 길게 벌리고 서 있는 것을 나타낸 글자.

女 계집 녀
여자가 얌전하게 앉아 있는 모양의 글자.

子 아들 자
두 팔을 편 어린아이의 모습을 본뜬 글자.

宀 집 면
지붕이 씌어져 있는 모양의 글자.

寸 마디 촌
손 마디의 거리를 나타낸 글자.

小 작을 소
작은 것을 둘로 나누는 모양의 글자.

尢(兀) 절름발이 왕
한 쪽 다리가 굽은 사람을 본뜬 글자.

尸 주검 시
누워 있는 사람의 모습을 본뜬 글자.

屮 풀 철
싹이 돋아나는 것을 본뜬 글자.

山 메 산
산의 모양을 본뜬 글자.

川(巛) 내 천
물이 굽이쳐 흐르는 모양의 글자.

工 장인 공
연장을 든 사람을 나타낸 글자.

己 몸 기
몸을 구부린 사람을 나타낸 글자.

巾 수건 건
사물을 덮은 수건의 두 끝이 아래로 향한 모양을 나타낸 글자.

干 방패 간
방패 모양을 본뜬 글자.

幺 작을 요
갓난아이의 모습을 본뜬 글자.

广 집 엄
언덕 위에 있는 지붕 모양의 글자.

廴 길게걸을 인
다리를 당겨 보폭을 넓게 해서 걷는 모양을 나타낸 글자.

廾 들 공
양 손을 모아 떠받드는 모양의 글자.

弋 주살 익
나뭇가지에 물건이 걸려 있는 모양을
나타낸 글자.

弓 활 궁
활의 생김새를 나타낸 글자.

彐(彑)돼지머리 계
위가 뾰족하고 머리가 큰 돼지 모양을
나타낸 글자이다.

彡 터럭 삼
털을 빗질하여 놓은 모양을 나타낸 글자.

彳 조금걸을 척
다리와 발로 걷는 것을 나타낸 글자.

4획

心(忄)마음 심
사람의 심장 모양을 본뜬 글자.

戈 창 과
긴 손잡이가 달린 갈고리 모양의 창을
나타낸 글자.

戶 지게 호
한 쪽 문짝의 모양을 나타낸 글자.

手(扌)손 수
펼친 손의 모양을 나타낸 글자.

支 지탱할 지
나뭇가지를 손에 든 모양을 본뜬 글자.

攴(攵)칠 복
손으로 무엇을 두드리는 모양의 글자.

文 글월 문
무늬가 그려진 모양을 본뜬 글자.

斗 말 두
용량을 헤아리는 말을 본뜬 글자이다.

斤 도끼 근
자루가 달린 도끼로 물건을 자르는 모양.

方 모 방
주위가 네모져 보여 '모나다'의 뜻이 됨.

无(旡) 없을 무
사람의 머리 위에 '一'을 더하여 머리가
보이지 않게 함.

日 날 일
둥근 해 속에 흑점을 넣은 모양의 글자.

曰 가로 왈
입(口)에서 김(一)이 나가는 모양의 글자.

月 달 월
초승달 모양을 본뜬 글자.

木 나무 목
나뭇가지에 뿌리가 뻗은 모양의 글자.

欠 하품 흠
입을 벌려 하품하는 모양을 본뜬 글자.

止 그칠 지
서 있는 사람의 발 모양을 본뜬 글자.

歹(歺) 죽을 사
죽은 사람의 뼈 모양을 본뜬 글자.

殳 칠 수
몽둥이를 들고 있는 모양을 본뜬 글자.

毋 말 무
'女'가 못된 짓을 못하게 함을 나타냄.

比 견줄 비
두 사람이 나란히 서 있는 모양의 글자.

毛 터럭 모
짐승의 털 모양을 본뜬 글자.

氏 성 씨
뿌리가 지상에 뻗어 나와 퍼진 모양을
본뜬 글자로 성씨(姓氏)를 나타냄.

气 기운 기
땅에서 아지랑이나 수증기 같은 기운이
위로 솟아오르는 모양을 본뜬 글자.

水(氵)물 수
물이 흐르는 모양을 본뜬 글자.

火(灬)불 화
타오르는 불꽃 모양을 본뜬 글자.

爪(爫)손톱 조
물건을 집는 손톱 모양을 본뜬 글자.

父 아비 부
도끼를 든 남자의 손 모양을 본뜬 글자.

爻 점괘 효
점 칠 때 산가지 모양을 나타낸 글자.

爿 널조각 장
쪼갠 통나무 왼쪽 모양을 나타낸 글자.

片 조각 편
쪼갠 통나무 오른쪽 모양을 나타낸 글자.

牙 어금니 아
어금니가 맞물린 모양을 본뜬 글자.

牛(牜)소 우
소의 모양을 본뜬 글자.

犬(犭)개 견
개의 옆 모습을 본뜬 글자.

5획

玄 검을 현
위는 '덮는다'는 뜻이고, 아래는 '멀다'는 뜻으로 검거나 아득함을 나타냄.

玉(王)구슬 옥
'王'에 한 점을 더하여 높고 귀한 임금의 심성을 나타낸 글자.

瓜 오이 과
좌우로 나뉘어 있는 부분은 '오이의 덩굴' 모양을 나타내고, 안에 있는 부분은 '오이의 열매'를 뜻함.

瓦 기와 와
덩굴에 달린 오이 모양을 본뜬 글자.

甘 달 감
입 속에서 단 맛을 느끼는 모양의 글자.

生 날 생
싹이 땅을 뚫고 나오는 모양의 글자.

用 쓸 용
'복(卜)'과 '중(中)'을 합해서 된 글자.

田 밭 전
밭과 밭 사이의 길 모양을 본뜬 글자.

疋 발 소, 짝 필
발목에서 발끝까지의 모양을 본뜬 글자.

疒 병질 엄
병든 사람의 기댄 모습을 나타낸 글자.

癶 필 발
두 발을 벌린 사람을 나타낸 글자.

白 흰 백
아침 해가 떠오르는 모양을 본뜬 글자.

皮 가죽 피
짐승 가죽을 벗기는 모양을 본뜬 글자.

皿 그릇 명
받침대가 있는 그릇 모양을 본뜬 글자.

目 눈 목
사람의 눈 모양을 본뜬 글자.

矛 창 모
장식이 꽂고 긴 자루가 달린 창 모양을 본뜬 글자.

矢 화살 시
화살의 모양을 본뜬 글자.

石 돌 석
언덕 아래로 굴러 떨어진 돌덩이 모양을 나타낸 글자.

示(礻) 보일 시
제단의 모양을 본떠 뵈오다 보이다의 뜻.

内 짐승발자국 유
짐승의 발자국 모양을 본뜬 글자.

禾 벼 화
벼 이삭이 드리워진 모양을 본뜬 글자.

穴 구멍 혈
구멍을 뚫고 지은 집 모양을 본뜬 글자.

立 설 립
땅 위에 서 있는 사람을 나타낸 글자.

6획

竹 대 죽
대나무 가지에 늘어진 잎을 나타낸 글자.

米 쌀 미
벼 이삭의 모양을 본뜬 글자.

糸 실 사
실타래 모양을 본뜬 글자.

缶 장군 부
질그릇(장군)의 모양을 본뜬 글자.

网(罒) 그물 망
그물코의 모양을 본뜬 글자.

羊(⺶) 양 양
양의 머리 모양을 본뜬 글자.

羽 깃 우
새의 양 날개나 깃털의 모양을 본뜬 글자.

老(耂) 늙을 노
노인이 지팡이를 짚은 모습을 본뜬 글자.

而 말이을 이
입의 위아래에 수염이 나 있고 그 입으로 말하는 모양을 본뜬 글자.

耒 쟁기 뢰
나무로 만든 기구 모양을 본뜬 글자.

耳 귀 이
사람의 귀 모양을 본뜬 글자.

聿 붓 율
붓으로 획을 긋는 모양을 본뜬 글자.

肉(月) 고기 육
잘라 놓은 고기덩이 모양을 본뜬 글자.

臣 신하 신
몸을 굽혀 엎드린 모양을 본뜬 글자.

自 스스로 자
사람의 코 모양을 본뜬 글자.

至 이를 지
새가 땅에 내려앉는 모양을 본뜬 글자.

臼 절구 구
곡식을 찧는 절구통 모양을 본뜬 글자.

舌 혀 설
입 안에 있는 혀의 모양을 본뜬 글자.

舛 어그러질 천
두 발이 서로 엇갈린 모양을 본뜬 글자.

舟 배 주
통나무 배의 모양을 본뜬 글자.

艮 그칠 간
눈 '目'과 비수 '匕' 두 글자가 합친 글자.

色 빛 색
'人'과 '巴' 두 글자가 합쳐진 글자.

艸(艹) 풀 초
여기저기 나는 풀의 모양을 본뜬 글자.

虍 범 호
호랑이의 머리통과 몸통의 전체적인 모양을 본뜬 글자.

虫 벌레 충
뱀이 도사리고 있는 모양을 본뜬 글자.

血 피 혈
그릇에 담긴 피의 모양을 본뜬 글자.

行 다닐 행
사람이 다니는 네 거리를 나타낸 글자.

衣(衤) 옷 의
사람이 입는 옷 모양을 본뜬 글자.

襾 덮을 아
그릇 위에 뚜껑을 덮은 모양을 본뜬 글자.

7획

見 볼 견
눈(目)과 사람(人)을 합쳐 만든 글자.

角 뿔 각
짐승의 뿔 모양을 본뜬 글자.

言 말씀 언
혀를 내밀고 있는 모양을 본뜬 글자.

谷 골 곡
산이 갈라진 골짜기 모양을 본뜬 글자.

豆 콩 두
받침이 달린 나무 그릇 모양을 본뜬 글자.

豕 돼지 시
돼지의 모양을 본뜬 글자.

豸 벌레 치
먹이를 노려보는 짐승의 모양을 나타냄.

貝 조개 패
껍질을 벌린 조개의 모양을 본뜬 글자.

赤 붉을 적
'大'와 '火'가 합쳐진 글자로 불이 내는 붉은 빛을 의미하는 글자.

走 달릴 주
'土'와 '足'이 합쳐 흙을 박찬다는 뜻.

足(⻊) 발 족
무릎에서 발가락까지의 모양을 나타냄.

身 몸 신
아이를 밴 여자의 모양을 본뜬 글자.

車 수레 거
바퀴 달린 수레 모양을 본뜬 글자.

辛 매울 신
옛날에 죄수나 노예의 얼굴에 낙인을 하던 바늘의 모양을 본뜬 글자.

辰 별 진
발을 내민 조개의 모양을 본뜬 글자.

辵(辶) 갈 착
걷다, 멈추다, 천천히 간다는 뜻의 글자.

邑(⻏) 고을 읍
사람이 모여 사는 고을을 뜻하는 글자.

酉 닭 유
술이 담긴 항아리의 모양을 본뜬 글자.

釆 분별할 변
짐승의 발자국 모양을 본뜬 글자.

里 마을 리
'田'과 '土'를 합친 글자로 마을을 뜻함.

8획

金 쇠 금
땅 속의 빛나는 광석이라는 뜻의 글자.

長(镸) 길 장
지팡이 짚은 수염 난 노인 모양의 글자.

門 문 문
두 짝으로 된 문 모양의 글자.

중요 부수 220자

阜(阝) 언덕 부
흙더미가 이룬 언덕 모양을 본뜬 글자.

隶 미칠 이
짐승 꼬리를 잡은 손의 모양을 본뜬 글자.

隹 새 추
꽁지가 짧은 새 모양을 본뜬 글자.

雨 비 우
떨어지는 물방울 모양을 본뜬 글자.

靑 푸를 청
'生'과 '井'을 합친 글자로 초목과 우물은 푸르다는 뜻.

非 아닐 비
새의 어긋난 날개 모양을 본뜬 글자.

9획

面 낯 면
얼굴의 전체적인 모양을 본뜬 글자.

革 가죽 혁
짐승 가죽을 벗겨 놓은 모양을 본뜬 글자.

韋 다룬가죽 위
털과 기름을 없애 다룬 가죽을 뜻함.

韭 부추 구
땅에서 자라는 부추의 모양을 본뜬 글자.

音 소리 음
말할 때 목젖이 울리는 모양의 글자.

頁 머리 혈
목에서 머리 끝까지의 모양을 본뜬 글자.

風 바람 풍
'凡' 안에 '虫'을 넣어 바람을 나타낸 글자.

飛 날 비
날개를 펴고 나는 새의 모양을 본뜬 글자.

食(飠) 밥 식
그릇에 뚜껑을 덮은 모양을 본뜬 글자.

首 머리 수
머리카락이 난 머리 모양을 본뜬 글자.

香 향기 향
'禾'와 '甘'을 합쳐서 향기를 뜻한 글자.

10획

馬 말 마
말의 생김새를 본뜬 글자.

骨 뼈 골
살을 발라낸 뼈의 생김새를 본뜬 글자.

高 높을 고
성 위에 솟은 누각의 모양을 본뜬 글자.

髟 긴머리털 표
긴 머리카락 모양을 나타낸 글자.

鬥 싸울 투
두 사람이 싸우는 모양을 본뜬 글자.

鬯 울창주 창
활집의 모양을 본뜬 글자.

鬲 솥 력
다리가 달린 솥의 모양을 본뜬 글자.

鬼 귀신 귀
머리 부분을 크게 강조해서 정상적인 사람이 아님을 나타낸 글자.

11획

魚 고기 어
물고기의 모양을 본뜬 글자.

鳥 새 조
새의 모양을 본뜬 글자.

鹵 소금 로
그릇에 소금이 담긴 모양을 본뜬 글자.

鹿 사슴 록
뿔 달린 사슴의 모양을 본뜬 글자.

麥 보리 맥
뿌리가 달린 보리의 모양을 본뜬 글자.

麻 삼 마
집에서 만드는 삼베를 뜻하는 글자.

12획

黃 누를 황
밭(田)의 빛깔(光)이 누르다는 뜻의 글자.

黍 기장 서
벼(禾)처럼 생겨 물에 담가 술을 빚는 곡식이라는 뜻의 글자.

黑 검을 흑
불을 때면 연기가 나면서 검게 그을린다는 뜻의 글자.

黹 바느질할 치
바늘로 수를 놓은 옷감 모양을 본뜬 글자.

13획

黽 맹꽁이 맹
개구리의 모양을 본뜬 글자.

鼎 솥 정
발 달린 솥의 모양을 본뜬 글자.

鼓 북 고
악기를 오른손으로 친다는 뜻의 글자.

鼠 쥐 서
쥐의 이빨과 네 발과 꼬리의 모양을 본뜬 글자.

14획

鼻 코 비
얼굴에 있는 코를 뜻하는 글자.

齊 가지런할 제
곡식의 이삭들이 가지런함을 뜻함.

15획

齒 이 치
위 아래로 이가 박혀 있는 모양의 글자.

16획

龍 용 룡
날아오르는 용의 모양을 본뜬 글자.

龜 거북 귀
거북의 모양을 본뜬 글자.

17획

龠 피리 약
여러 개의 구멍이 뚫린 피리의 모양을 본뜬 글자.

2장
1급 배정한자

哥
口부의 7획

- 훈음: 소리, 노래할 가
- 단어: 성(姓) 밑에 붙여 무슨 성임을 나타낸다.
  朴哥 : 박씨 성을 가진 사람을 낮게 이르는 말.
- 필순: 一 丆 丆 可 可 可 叧 哥 哥

嫁
女부의 10획

- 훈음: 시집갈, 떠넘길 가
- 단어: 嫁娶(가취) : 시집가고 장가드는 일.
  轉嫁(전가) : 책임이나 허물 등을 남에게 들씌움.
- 필순: 女 女 女 妒 妒 嫁 嫁 嫁

嘉
口부의 11획

- 훈음: 아름다울 가
- 단어: 嘉祥(가상) : 좋은 징조.
  嘉尙(가상) : 착하고 기특함.
- 필순: 十 士 吉 吉 壴 喜 嘉 嘉

呵
口부의 5획

- 훈음: 꾸짖을, 웃을 가
- 단어: 呵責(가책) : 꾸짖어 책망함.
  呵呵(가가) : 껄껄 웃음.
- 필순: 丨 口 叮 吋 呵 呵

稼
禾부의 10획

- 훈음: 심을, 일할 가
- 단어:
  - 稼穡(가색) : 농작물을 심고 거두어 들이는 일.
  - 稼動(가동) : 사람이나 기계가 움직여 일함.
- 필순: 二 千 禾 秆 秆 秆 稼 稼

苛
艸부의 5획

- 훈음: 매울 가
- 단어:
  - 苛斂(가렴) : 조세 따위를 혹독하게 징수함.
  - 苛酷(가혹) : 매우 혹독함.
- 필순: 一 廾 艹 芢 苎 苦 苛

袈
衣부의 5획

- 훈음: 가사 가
- 단어:
  - 袈裟(가사) : 중이 입는 법의(法衣).
- 필순: 丁 力 加 架 架 架 架 袈

駕
馬부의 5획

- 훈음: 수레, 넘을 가
- 단어:
  - 駕士(가사) : 임금님의 수레를 모는 사람.
  - 凌駕(능가) : 다른 것보다 넘어섬.
- 필순: 力 加 architecture 架 犂 駕 駕 駕

1급 배정한자

恪
心부의 6획

훈음 삼갈 각

단어
恪勤(각근) : 조심하여 부지런히 힘씀.
恪別(각별) : 특별히. 유달리.

필순 丶 忄 忄 忄 恪 恪

殼
殳부의 8획

훈음 껍질 각

단어
舊殼(구각) : 묵은 껍질. 낡은 습관.
殼果(각과) : 껍질이 단단한 열매를 통틀어 이름.

필순 十 士 吉 志 壳 殼 殼 殼

墾
土부의 13획

훈음 밭갈 간

단어
開墾(개간) : 손 대지 않은 거친 땅을 개척함.
墾田(간전) : 밭을 개간함. 또는 그 밭.

필순 爫 爫 爫 豸 豸 貇 貇 墾

奸
女부의 3획

훈음 간사할, 범할 간

단어
奸計(간계) : 간사한 꾀.
奸邪(간사) : 거짓으로 남의 비위를 맞추며 알랑거림.

필순 く 夊 女 女 奷 奸

揀

훈음 가릴 간

단어 揀擇(간택) : 분간해서 가림. 임금의 아내 등을 고름.
汰揀(태간) : 가려 뽑음.

手부의 9획

필순 扌 扌 扌 扩 扩 挦 揀 揀

澗

훈음 산골물 간

단어 澗谷(간곡) : 산골짜기.
澗畔(간반) : 산골을 흐르는 물가.

水부의 12획

필순 丶 氵 汇 沪 沪 澗 澗 澗

癇

훈음 간질 간

단어 癇疾(간질) : 경련과 의식 장애를 일으키는 병.
癇病(간병) : 어린아이가 경련을 일으키는 병.

疒부의 12획

필순 亠 广 疒 疒 疒 痫 痫 癇

竿

훈음 장대 간

단어 竿頭(간두) : 장대나 대막대기 따위의 끝.
釣竿(조간) : 낚싯대.

竹부의 3획

필순 ノ 丿 竹 竹 竺 竿

1급 배정한자

艱
艮부의 11회

- **훈음**: 어려울 간
- **단어**:
  - 艱難(간난) : 몹시 힘들고 어려움.
  - 艱辛(간신) : 힘들고 고생스러움.
- **필순**: 廿 旹 堇 荁 荁㆒ 艱 艱 艱

諫
言부의 9회

- **훈음**: 간할 간
- **단어**:
  - 諫言(간언) : 윗사람에게 간하는 말.
  - 忠諫(충간) : 충성으로 간함.
- **필순**: 亠 言 言 訂 訂 諫 諫 諫

喝
口부의 9회

- **훈음**: 꾸짖을 갈
- **단어**:
  - 虛喝(허갈) : 거짓으로 꾸며 공갈함.
  - 喝破(갈파) : 옳은 것으로 옳지 않은 것을 쳐서 깨뜨림.
- **필순**: 丨 口 叩 吗 喝 喝 喝

竭
효부의 9회

- **훈음**: 다할 갈
- **단어**:
  - 竭力(갈력) : 모든 힘을 다함.
  - 疲竭(피갈) : 피로하여 힘이 빠짐.
- **필순**: 亠 立 꼬 꼬 竭 竭 竭

褐
衣부의 9획

훈음: 거친옷, 갈색 갈
단어:
褐夫(갈부) : 너절한 옷을 입은 천한 사람을 이르는 말.
褐色(갈색) : 거무스름한 주황빛.
필순: 冫 礻 衤 衤 衵 衵 褐 褐

勘
力부의 9획

훈음: 헤아릴 감
단어:
輕勘(경감) : 죄인을 가볍게 처분함.
勘案(감안) : 생각함.
필순: 一 廾 甘 甘 其 甚 甚 勘 勘

堪
土부의 9획

훈음: 견딜, 하늘 감
단어:
堪耐(감내) : 어려움을 참고 버티어 이겨냄.
堪輿(감여) : 하늘과 땅.
필순: 十 土 圤 圤 圤 堪 堪 堪

柑
木부의 5획

훈음: 귤나무 감
단어:
柑子(감자) : 귤의 한 가지로 한약재로 씀.
蜜柑(밀감) : 귤.
필순: 十 木 村 村 柑

1급 배정한자

疳

疒부의 5획

- **훈음**: 감질 감
- **단어**: 疳疾(감질) : 몹시 먹고 싶거나 가지고 싶어 애타는 마음. 젖을 제 때에 못 먹여 위를 해치는 어린아이의 병.
- **필순**: 亠 广 疒 疒 疳 疳

瞰

目부의 12획

- **훈음**: 볼 감
- **단어**: 瞰射(감사) : 높은 곳에서 내려다보고 쏨.
  鳥瞰(조감) : 높은 곳에서 아래를 내려다봄.
- **필순**: 丨 目 盯 盵 晣 瞰 瞰 瞰

紺

糸부의 5획

- **훈음**: 감색 감
- **단어**: 紺碧(감벽) : 검은빛이 도는 짙은 청색.
  紺靑(감청) : 짙고 산뜻한 남빛.
- **필순**: 幺 糸 糸 糸― 紺 紺

匣

匚부의 5획

- **훈음**: 갑 갑
- **단어**: 鏡匣(경갑) : 거울을 넣어두는 상자.
  文匣(문갑) : 문서나 문구 따위를 넣어 두는 궤.
- **필순**: 一 丆 百 甲 匣

閘
門부의 5획

훈음 수문 갑

단어 閘門(갑문) : 운하나 방수로 따위에서 물 높이가 일정하도록 물의 양을 조절하는 데 쓰는 문.

필순 丆 戶 門 門 閂 閘 閘

慷
心부의 11획

훈음 강개할 강

단어 慷慨(강개) : 의롭지 못한 것을 보고 의기가 북받쳐 원통하고 슬픔.

필순 丶 忄 忄 忙 忙 忨 惶 慷 慷

糠
米부의 11획

훈음 겨 강

단어 糟糠(조강) : 술지게미와 겨.
糟糠之妻(조강지처) : 고생하며 함께 산 아내를 이름.

필순 丶 ⺄ 米 籴 籴 粁 粁 糠 糠

腔
肉부의 8획

훈음 속빌 강

단어 口腔(구강) : 입에서 목구멍에 이르는 입 안의 빈 곳.
滿腔(만강) : 가슴속에 가득 참.

필순 丿 月 胪 胪 腔 腔

1급 배정한자

薑
艸부의 13획

훈음: 생강 강

단어:
生薑(생강) : 생강과에 속하는 다년초.
薑桂之性(강계지성) : 늙을수록 강직해지는 성품.

필순: 一 艹 芎 茜 萱 菖 薑 薑

箇
竹부의 8획

훈음: 낱 개

단어:
個와 같이 쓰임.
箇般(개반) : 이와 같은.

필순: 丿 ㇏ 𥫗 𥫗 竹 筒 箇 箇

凱
几부의 10획

훈음: 즐길 개

단어:
凱歌(개가) : 이기거나 큰 성과가 있을 때의 환성.
凱旋(개선) : 싸움에 이기고 돌아옴.

필순: 山 屵 屵 峕 豈 凱

愾
心부의 10획

훈음: 성낼 개, 한숨쉴 희

단어:
敵愾(적개) : 군주의 원한을 풀려고 하는 마음.
愾憤(개분) : 몹시 분개함.

필순: 丶 忄 忄 忾 忾 愾 愾 愾

漑	훈음	물댈 개
水부의 11획	단어	灌漑(관개) : 농사를 짓는 데에 필요한 물을 논밭에 댐.
	필순	氵 氵 沪 沪 沪 沪 溉 漑

芥	훈음	겨자, 티끌 개
艸부의 4획	단어	芥子(개자) : 겨자. 겨자씨와 갓씨의 총칭. 아주 작은 것. 草芥(초개) : 풀과 티끌. 곧 아무 소용없거나 하찮은 것.
	필순	艹 艹 艻 芥 芥

羹	훈음	국 갱
羊부의 13획	단어	豆羹(두갱) : 한 그릇의 국. 肉羹(육갱) : 고깃국.
	필순	丷 羊 羔 羔 羹 羹 羹 羹

渠	훈음	도랑 거
水부의 9획	단어	船渠(선거) : 선박 둘레를 막은 부거, 박거, 소거의 총칭. 溝渠(구거) : 도랑. 개골창.
	필순	丶 氵 氵 沪 沪 洰 渠 渠 渠

1급 배정한자

倨
人부의 8획

훈음 거만할 거

단어 倨氣(거기) : 거만한 태도나 기색.
倨慢(거만) : 뽐내고 건방짐.

필순 亻 亻' 亻" 伊 伊 倨 倨

醵
酉부의 13획

훈음 추렴할 갹,거

단어 醵出(갹출·거출)) : 한 가지 일을 목적하여 돈이나 물건을 추렴하여 냄.

필순 丆 丙 酉 酉 酉 酉 酉 酉 醵

巾
巾부의 0획

훈음 수건 건

단어 巾帶(건대) : 상복에 쓰는 건과 띠.
手巾(수건) : 손이나 얼굴을 닦는 천 조각.

필순 丨 冂 巾

腱
肉부의 9획

훈음 힘줄 건

단어 腱膜(건막) : 막처럼 얇고 넓은 힘줄.
腱反射(건반사) : 물리적 자극에 의한 근육의 수축 현상.

필순 刀 月 月⁼ 月⁼ 月聿 月聿 腱 腱

虔
虍부의 4획

- **훈음**: 삼갈 건
- **단어**: 恪虔(각건) : 삼가고 조심함.
  敬虔(경건) : 공경하는 마음으로 삼가고 조심함.
- **필순**: 卜 广 卢 虍 虔 虔

虔

劫
力부의 5획

- **훈음**: 겁탈할, 긴시간 겁
- **단어**: 劫姦(겁간) : 폭력으로 간음함.
  永劫(영겁) : 긴 세월.
- **필순**: 一 土 去 刦 劫

劫

怯
心부의 5획

- **훈음**: 겁낼 겁
- **단어**: 驚怯(경겁) : 놀라서 두려워함.
  怯夫(겁부) : 겁이 많은 남자.
- **필순**: 丶 忄 忄 忙 怯

怯

偈
人부의 9획

- **훈음**: 중의글귀 게
- **단어**: 偈頌(게송) : 부처의 공덕이나 가르침을 찬탄하는 노래.
  偈句(게구) : 불타의 글귀.
- **필순**: 亻 伊 伊 偈 偈 偈

偈

1급 배정한자

覡

見부의 7획

훈음 박수무당 격

단어 巫覡(무격) : 무당과 박수. 여자 무당과 남자 무당을 아울러 이르는 말.

필순 丁 ᅲ 巫 巫 𡿨 覡 覡 覡

檄

木부의 13획

훈음 격문 격

단어 檄文(격문) : 군병 모집을 위해 쓴 글.

필순 十 木 𣎳 柏 榸 榜 檄 檄

膈

肉부의 10획

훈음 횡경막 격

단어 胸膈(흉격) : 가슴과 배의 사이.
膈膜(격막) : 흉강과 복강 사이에 있는 막. 횡격막.

필순 几 月 𣍝 䏌 胭 膈 膈

繭

糸부의 13획

훈음 고치 견

단어 絲繭(사견) : 명주실과 고치.
繭絲(견사) : 누에고치에서 뽑은 명주실.

필순 丶 艹 芇 苆 茼 葪 繭 繭

譴
言부의 14획

- **훈음**: 꾸짖을 견
- **단어**: 譴責(견책) : 잘못이나 허물을 꾸짖고 나무람.
- **필순**: 亠 言 訁 訁 訁 訁 諿 譴 譴

鵑
鳥부의 7획

- **훈음**: 두견이 견
- **단어**: 鵑花(견화) : 두견화.
  杜鵑(두견) : 소쩍새.
- **필순**: 冂 尸 月 肙 甽 鵑 鵑

憬
心부의 12획

- **훈음**: 그리워할, 깨달을 경
- **단어**: 憧憬(동경) : 어떤 것을 간절히 그리워하며 생각함.
  憬悟(경오) : 깨달음. 각성함.
- **필순**: 丶 忄 忄 㤅 惮 悍 憬 憬

梗
木부의 7획

- **훈음**: 대개, 막힐 경
- **단어**: 梗槪(경개) : 대강의 줄거리. 대략.
  梗塞(경색) : 경제적으로 융통이 안 되고 막힘.
- **필순**: 十 木 朩 杤 桓 㮀 梗

磬
石 부의 11획

훈음 경쇠 경

단어
石磬(석경) : 중국 고대 악기의 하나.
風磬(풍경) : 처마 끝에서 바람에 흔들려 소리가 나는 경쇠.

필순 士 声 声 殸 殸 殸 磬 磬

莖
艸 부의 7획

훈음 줄기 경

단어
球莖(구경) : 알줄기로써, 감자 토란등을 뜻함.
根莖(근경) : 뿌리와 줄기.

필순 十 艹 芒 莁 莖 莖

頸
頁 부의 7획

훈음 목 경

단어
頸骨(경골) : 목뼈.
頸聯(경련) : 한시에서 다섯째, 여섯째 구를 아울러 이름.

필순 匚 巠 巠 巠 頸 頸 頸 頸

脛
肉 부의 7획

훈음 정강이 경

단어
脛脛(경경) : 곧은 모양.
脛骨(경골) : 정강이 안쪽에 있는 긴 뼈.

필순 刀 月 肝 脛 脛 脛

勁
力 부의 7획

훈음 굳셀 경

단어
勁健(경건) : 굳세고 건장함.
勁直(경직) : 굳세고 바름.

필순 一 巠 巠 巠 勁 勁

鯨
魚 부의 8획

훈음 고래 경

단어
鯨飮(경음) : 고래가 물마시듯 술을 마심.
捕鯨(포경) : 고래를 잡음.

필순 勹 夂 酋 魚 魛 魛 魛 鯨

痙
疒 부의 7획

훈음 경련 경

단어
痙攣(경련) : 근육이 발작적으로 수축되는 현상.
痙攣派(경련파) : 상징파 시인들의 신경과민을 이름.

필순 一 广 疒 疒 痙 痙 痙

悸
心 부의 8획

훈음 두근거릴, 두려울 계

단어
悸病(계병) : 가슴이 두근거리는 병.
恐悸(공계) : 무섭고 두려움.

필순 丶 忄 忄 忄 悸 悸 悸 悸

1급 배정한자 35

呱
口 부의 5획

훈음: 울 고
단어: 呱呱(고고) : 아이가 태어나면서 처음으로 우는 소리.
필순: 丨 口 口' 叮 呱 呱

拷
手 부의 6획

훈음: 때릴 고
단어: 拷問(고문) : 숨기고 있는 사실을 강제로 알아내기 위하여 육체적 고통을 주며 신문함.
필순: 亅 扌 扌' 扌" 护 拷 拷

敲
攴 부의 10획

훈음: 두드릴 고
단어: 敲門(고문) : 문을 두드림.
推敲(추고·퇴고) : 시문의 자구를 여러 번 고침.
필순: 亠 亠 高 高 高 敲 敲

辜
辛 부의 5획

훈음: 허물 고
단어: 無辜(무고) : 아무 잘못과 허물이 없음.
辜人(고인) : 중죄인. 사형수.
필순: 十 古 古 호 혺 辜 辜

叩
口부의 2획

훈음 조아릴 고

단어
叩頭(고두) : 공경하는 뜻으로 머리를 땅에 조아림.
叩首(고수) : 머리를 조아림.

필순 丨 冂 口 叩 叩

痼
疒부의 8획

훈음 고질병 고

단어
根痼(근고) : 깊이 뿌리박히어 좀처럼 낫지 않는 고질.
痼疾(고질) : 고치기 어려운 병. 오래된 나쁜 습관.

필순 亠 广 疒 疜 疞 痂 痼 痼

股
肉부의 4획

훈음 넓적다리 고

단어
股肱(고굉) : 다리와 팔이라는 뜻으로 온몸을 이르는 말.
股間(고간) : 사타구니. 샅.

필순 刀 月 肌 股 股

膏
肉부의 10획

훈음 기름 고

단어
膏血(고혈) : 사람의 기름과 피.
膏藥(고약) : 곪거나 헌 데에 바르는 끈끈한 약.

필순 亠 亠 宀 亠 高 膏 膏

1급 배정한자

袴
衣부의 6획

- **훈음**: 바지 고
- **단어**: 破袴(파고) : 찢어진 바지.
  袴衣(고의) : 남자의 여름 홑바지.
- **필순**: 亠 ㇒ 衤 衤 衤 袴 袴 袴

錮
金부의 6획

- **훈음**: 가둘 고
- **단어**: '痼'자와 같은 뜻으로 쓰임.   痼疾 = 錮疾
  禁錮(금고) : 교도소에 두기만 하고 노역은 않는 형벌.
- **필순**: 丿 ㇏ 牟 金 釕 鈤 錮 錮

鵠
鳥부의 7획

- **훈음**: 과녁,고니 곡
- **단어**: 正鵠(정곡) : 과녁의 한 가운데의 점.
  바르고 중요로운 점.
- **필순**: 丿 ㇒ 告 告 鵠 鵠 鵠 鵠

梏
木부의 7획

- **훈음**: 쇠고랑 곡
- **단어**: 桎梏(질곡) : 몹시 속박하여 자유를 가질 수 없는 고통의 상태를 비유적으로 이르는 말.
- **필순**: 十 木 木 梏 梏 梏

昆

日부의 4획

훈음: 맏이, 벌레 곤

단어:
弟昆(제곤) : 아우와 형.
昆蟲(곤충) : 벌레의 총칭. 곤충류에 딸린 동물.

필순: 口 日 日 月 昆 昆

棍

木부의 8획

훈음: 몽둥이 곤

단어:
棍棒(곤봉) : 체조에 쓰는 기구의 하나.
棍杖(곤장) : 옛날에 죄인의 볼기를 치던 몽둥이.

필순: 十 オ 扣 押 相 棍 棍 棍

袞

衣부의 5획

훈음: 곤룡포 곤

단어:
袞裳(곤상) : 고대에 천자가 입던 하의.
袞龍袍(곤룡포) : 임금의 옷.

필순: 亠 六 产 产 产 袞 袞

汨

水부의 4획

훈음: 빠질 골

단어:
汨沒(골몰) : 오직 한 가지 일에만 파묻힘. 벽지에 묻힘.
汨羅之鬼(골라지귀) : 고사에서 온 말. 물에 빠져 죽음.

필순: 丶 氵 汀 汨 汨 汨

拱
手부의 6획

훈음 팔짱낄 공

단어
拱手(공수) : 두 손을 마주잡고 공경을 나타내는 예.
端拱(단공) : 바르게 팔짱을 낌.

필순 亅 扌 扌 拌 拱 拱 拱

鞏
革부의 6획

훈음 굳을 공

단어
鞏固(공고) : 굳고 튼튼함.
鞏膜(공막) : 눈알의 바깥벽 전체를 둘러싸고 있는 막.

필순 丆 工 巩 珌 珞 鞏 鞏 鞏

顆
頁부의 9획

훈음 낟알 과

단어
顆粒(과립) : 둥글고 잔 알갱이.

필순 冂 曰 甲 果 果 顆 顆 顆

廓
广부의 11획

훈음 둘레 곽, 클 확

단어
胸廓(흉곽) : 늑골과 흉골로 이어지는 가슴 부분의 몸통.
廓然(확연) : 마음이 넓고 거리낌 없음.

필순 亠 广 广 庐 庐 廓 廓

槨
木부의 11획

훈음 덧널 곽

단어 槨柩(곽구) : 겉 관. 덧널.
棺槨(관곽) : 시체를 넣는 속 널과 겉 널.

필순 十 才 才 朽 柿 榁 槨 槨

藿
艸부의 16획

훈음 콩잎 곽

단어 藿田(곽전) : 바닷가에서 미역을 따는 곳.
藿羹(곽갱) : 콩잎을 넣고 끓인 국.

필순 艹 芦 芹 荏 萑 萑 萑 藿

灌
水부의 18획

훈음 물댈 관

단어 灌漑(관개) : 농사를 짓는 데에 필요한 물을 논밭에 댐.
灌木(관목) : 떨기나무.

필순 氵 氵 沪 沪 泄 潅 潅 灌

棺
木부의 8획

훈음 널 관

단어 石棺(석관) : 돌로 만든 관.
棺上銘旌(관상명정) : 관 덮개에 쓴 죽은이의 벼슬과 성명.

필순 十 才 才 柿 柿 柿 棺

1급 배정한자

刮
刀부의 6획

- **훈음**: 비빌 괄
- **단어**:
  - 刮目(괄목) : 발전 속도가 빨라서 눈을 비비고 다시 봄.
  - 刮磨(괄마) : 그릇을 닦아서 윤을 냄.
- **필순**: 丿 二 千 舌 舌 刮 刮

括
手부의 6획

- **훈음**: 묶을 괄
- **단어**:
  - 括弧(괄호) : 한데 묶기 위하여 사용하는 부호.
  - 槪括(개괄) : 중요한 내용이나 줄거리를 대강 추려 냄.
- **필순**: 亅 扌 扩 扦 括 括

匡
匸부의 4획

- **훈음**: 바룰 광
- **단어**:
  - 匡救(광구) : 그릇된 것을 바로잡음.
  - 匡正(광정) : 바르게 고침.
- **필순**: 一 二 三 亍 王 匡

壙
土부의 15획

- **훈음**: 광중 광
- **단어**:
  - 壙中(광중) : 시체가 놓이는 무덤의 속을 이르는 말.
  - 壙穴(광혈) : 시체를 묻는 구덩이.
- **필순**: 土 圹 圹 壙 壙 壙 壙

曠
日부의 15획

훈음 휑할 광

단어
曠野(광야) : 허허 벌판.
玄曠(현광) : 마음이 심오하고 사욕이 없이 의젓함.

필순 冂 日 日⁻ 旷 旷 暗 曠 曠

胱
肉부의 6획

훈음 오줌통 광

단어
膀胱(방광) : 오줌을 저장하였다가 일정한 양이 되면 요도를 통하여 배출시키는 주머니 모양의 배설 기관.

필순 冂 月 月' 胪 胪 胱

卦
卜부의 6획

훈음 점괘 괘

단어
卦鐘(괘종) : 걸어 놓는 시계.
占卦(점괘) : 점을 쳐서 나오는 괘.

필순 十 土 圭 圭 卦 卦

罫
网부의 8획

훈음 줄 괘

단어
罫線(괘선) : 인쇄물의 괘로 선을 나타낸 줄.
罫紙(괘지) : 괘선을 친 용지.

필순 冂 皿 罒 罕 罜 罜 罫 罫

1급 배정한자

乖
ノ부의 7획

훈음 어그러질 괴

단어
乖離(괴리) : 어그러져 떨어져 나감.
乖愎(괴팍) : 까다롭고 강퍅함.

필순 二 千 千 乖 乖 乖

拐
手부의 5획

훈음 속일 괴

단어
誘拐(유괴) : 사람을 속여서 꾀어냄.
拐杖(괴장) : 지팡이.

필순 亅 扌 扨 扨 拐 拐

魁
鬼부의 4획

훈음 우두머리 괴

단어
魁首(괴수) : 악인의 우두머리.
魁偉(괴위) : 체격이 크고 훌륭함.

필순 丶 白 由 鬼 鬼 魁 魁 魁

宏
宀부의 4획

훈음 클 굉

단어
宏壯(굉장) : 넓거나 규모가 커서 으리으리함.
宏儒(굉유) : 뛰어난 선비.

필순 丶 宀 宀 宕 宏 宏

肱
肉부의 4획

- **훈음**: 팔뚝 굉
- **단어**:
  - 股肱(고굉) : 다리와 팔.
  - 曲肱(곡굉) : 팔을 구부림.
- **필순**: ノ 冂 月 月⁻ 肝 肱 肱

轟
車부의 14획

- **훈음**: 울릴 굉
- **단어**:
  - 轟轟(굉굉) : 소리가 몹시 요란함.
  - 轟音(굉음) : 굉장히 큰 소리.
- **필순**: 一 厂 戸 亘 車 軎 軥 轟 轟

咬
口부의 6획

- **훈음**: 새소리,물 교
- **단어**:
  - 咬咬(교교) : 새가 지저귀는 소리.
  - 咬傷(교상) : 물려서 입은 상처.
- **필순**: 口 口 吖 吩 吟 咬

喬
口부의 12획

- **훈음**: 높을 교
- **단어**:
  - 喬木(교목) : 키가 큰 나무.
  - 喬志(교지) : 교만한 마음.
- **필순**: 二 千 天 禾 呑 呑 喬 喬

1급 배정한자

嬌
女부의 12획

훈음: 아리따울 교

단어:
- 嬌聲(교성) : 여자의 간드러지는 소리.
- 嬌態(교태) : 아양부리는 자태.

필순: 女 女 女＾ 妖 嬌 嬌 嬌 嬌

攪
手부의 20획

훈음: 흔들 교

단어:
- 攪亂(교란) : 뒤흔들어서 어지럽게 함.
- 攪拌(교반) : 휘저어 섞음.

필순: 扌 扌' 扌" 扌" 攪 攪 攪 攪

狡
犬부의 6획

훈음: 교활할 교

단어:
- 奸狡(간교) : 간사하고 교활함.
- 狡猾(교활) : 간사한 꾀가 많음.

필순: ノ 亻 犭 犭' 犭" 狡 狡

皎
白부의 6획

훈음: 달빛 교

단어:
- 皎鏡(교경) : 밝은 거울이라는 뜻으로, '달'을 비유함.
- 皎月(교월) : 희고 밝게 비치는 달.

필순: 亻 白 白' 皎 皎 皎

蛟
虫부의 6획

훈음: 교룡 교

단어:
蛟蛇(교사) : 구렁이나 이무기 따위를 통틀어 이르는 말.
蛟龍(교룡) : 상상의 동물인 용의 일종.

필순: 口 虫 虸 虻 蛟 蛟

轎
車부의 12획

훈음: 가마 교

단어:
轎子(교자) : 종일품 이상이 타던 가마.
玉轎(옥교) : 임금이 타는 교자.

필순: 冂 亘 車 軒 軟 輎 轎 轎

驕
馬부의 12획

훈음: 교만할 교

단어:
驕慢(교만) : 뽐내며 방자함.
驕奢(교사) : 교만하고 사치함.

필순: 厂 圧 馬 馬 馬⁻ 驕 驕 驕

仇
人부의 2획

훈음: 원수 구

단어:
仇隙(구극) : 서로 원수처럼 지내는 사이.
仇敵(구적) : 원수. 적.

필순: 丿 亻 仂 仇

1급 배정한자

枸
木 부의 5획

훈음 구기자 구

단어 枸杞(구기) : 가짓과의 낙엽 활엽 관목.
枸杞子(구기자) : 구기자나무. 구기자나무의 열매.

필순 一 十 オ 朳 朸 枸 枸

駒
馬 부의 5획

훈음 망아지 구

단어 白駒(백구) : 빛깔이 흰 망아지.
千里駒(천리구) : 천리마. 또래에서 가장 뛰어난 사람.

필순 厂 厈 馬 馬 馬 駒 駒 駒

嘔
口 부의 11획

훈음 토할 구

단어 嘔逆(구역) : 토할 듯 메스꺼운 느낌.
嘔吐(구토) : 토함. 게움.

필순 丨 口 叶 叮 唔 唔 嘔 嘔

垢
土 부의 6획

훈음 때 구

단어 無垢(무구) : 더럽힌 곳이 없음.
垢衣(구의) : 더러워진 옷.

필순 十 土 圹 圻 垢 垢

寇
宀 부의 8획

훈음: 도둑 구
단어:
- 寇盜(구도) : 침범하여 도둑질함.
- 外寇(외구) : 외국에서 쳐들어오는 적.

필순: 宀 宀 宀 完 完 完 寇 寇

嶇
山 부의 11획

훈음: 험할 구
단어:
- 嶇路(구로) : 험한 산길.
- 崎嶇(기구) : 세상살이가 순탄하지 못하고 가탈이 많음.

필순: 丨 山 山' 山' 山戶 嶇 嶇 嶇

柩
木 부의 5획

훈음: 널 구
단어:
- 靈柩(영구) : 시체를 담은 관.
- 柩衣(구의) : 죽은 사람의 관 위를 덮는 보자기.

필순: 十 木 术 朽 板 柩 柩

毆
殳 부의 11획

훈음: 때릴 구
단어:
- 毆打(구타) : 사람이나 짐승을 함부로 치고 때림.

필순: 一 己 品 品 品 區 毆 毆

1급 배정한자

溝
水부의 10획

훈음: 도랑 구

단어:
溝渠(구거) : 수채 물이 흐르는 작은 도랑.
排水溝(배수구) : 물을 빼는 도랑.

필순: 丶 氵 汁 洪 洪 溝 溝 溝

灸
火부의 3획

훈음: 구울, 뜸 구

단어:
灸甘草(구감초) : 약재로 쓰는 구운 감초.
針灸(침구) : 침질과 뜸질로 병을 고치는 요법.

필순: 丿 ク 久 冬 夂 灸

矩
矢부의 5획

훈음: 모날 구

단어:
矩形(구형) : 장방형. 네모꼴.
規矩(규구) : 그림쇠.

필순: 丿 ㄴ 矢 矢 矩 矩 矩

臼
臼부의 0획

훈음: 절구 구

단어:
石臼(석구) : 돌로 만든 절구.
臼齒(구치) : 어금니.

필순: 丿 亻 𠂆 臼 臼 臼

舅	훈음	시아버지 구
臼부의 7획	단어	姑舅(고구) : 시어머니와 시아버지. 內舅(내구) : 외삼촌. 편지 같은 데에 쓰는 말.
	필순	⺃ ⺈⺁ 臼 舅 舅 舅 舅 舅

衢	훈음	네거리 구
行부의 18획	단어	衢街(구가) : 큰 길거리. 衢巷(구항) : 길거리.
	필순	彳 彳 衢 衢 衢 衢 衢 衢

謳	훈음	노래할 구
言부의 11획	단어	謳歌(구가) : 여러 사람이 입을 모아 칭송하여 노래함.
	필순	亠 言 言 訁 訁 詴 詴 謳

軀	훈음	몸 구
身부의 11획	단어	巨軀(거구) : 거대한 몸집. 老軀(노구) : 늙은 몸.
	필순	丿 自 身 身 身 身 軀 軀 軀

1급 배정한자

鈎
金부의 5획

훈음 갈고리 구

단어
鈎用(구용): 채택하여 씀.
鈎餌(구이): 낚시에 다는 미끼.

필순 ノ ト 乍 쇠 金 釣 鈎

廐
广부의 11획

훈음 마구간 구

단어
廐舍(구사): 마굿간.
馬廐(마구): 마굿간.

필순 一 广 广 庐 庐 庐 廄 廐

鳩
鳥부의 2획

훈음 비둘기,모을 구

단어
鳩聚(구취): 한데 모음.
鳩首(구수): 머리를 서로 맞댐.

필순 ㄥ 九 九′ 九⺈ 九⺈ 鳩 鳩 鳩

窘
穴부의 7획

훈음 막힐 군

단어
窘急(군급): 막다른 지경에 다다라 급함.
窘塞(군색): 가난하여 살기 어려움.

필순 宀 穴 穸 空 窄 窘 窘

穹

穴부의 3획

훈음 하늘 궁

단어
穹隆(궁륭) : 활이나 무지개처럼 높고 길게 굽은 형상.
蒼穹(창궁) : 푸른 하늘.

필순 ` 宀 宂 穴 穸 穹

躬

身부의 3획

훈음 몸 궁

단어
躬稼(궁가) : 자기가 직접 농사를 지음.
躬行(궁행) : 몸소 행함. 실천함.

필순 ´ 冂 身 身 身 躬 躬

倦

人부의 8획

훈음 게으를 권

단어
倦怠(권태) : 시들해져서 생기는 게으름이나 싫증.
疲倦(피권) : 피로하여 싫증이 남.

필순 亻 亻 仁 伴 侉 倦 倦

眷

目부의 6획

훈음 돌아볼 권

단어
眷顧(권고) : 관심을 가지고 보살핌.
眷屬(권속) : 한 집안의 식구.

필순 ` ` ⺍ ⺷ 共 券 眷 眷

1급 배정한자

捲
手부의 8획

훈음 거둘, 말 권

단어
捲歸(권귀) : 거두어 가지고 돌아가거나 돌아옴.
捲土重來(권토중래) : 흙먼지를 말아 일으킬 형세로 다시 옴.

필순 ㇒ ㇒ 扌 扌゙ 扩 拦 抶 抷 捲

蹶
足부의 12획

훈음 일어날 궐

단어
蹶起(궐기) : 목적을 이루기 위하여 마음을 돋우고 기운을 내서 힘차게 일어남.

필순 口 貝 足 趼 趴 蹶 蹶 蹶

几
几부의 0획

훈음 안석 궤

단어
几案(궤안) : 의자 따위의 총칭. 책상.
机와 같이 쓰임.

필순 丿 几

机
木부의 2획

훈음 책상 궤

단어
机上(궤상) : 책상 위.
机案(궤안) : 책상.

필순 一 十 才 木 朾 机

櫃

木부의 14획

- **훈음**: 함 궤
- **단어**:
  - 櫃封(궤봉) : 물건 따위를 궤에 넣고 봉함.
  - 金櫃(금궤) : 금으로 만든 궤.
- **필순**: 十 朴 柯 柜 柜 柜 槽 櫃 櫃

潰

水부의 12획

- **훈음**: 무너질 궤
- **단어**:
  - 潰瘍(궤양) : 헐어서 짓무른 헌데.
  - 潰滅(궤멸) : 허물어져 없어지거나 망함.
- **필순**: 丶 氵 氵 沖 沖 洘 潜 潰

詭

言부의 6획

- **훈음**: 속일 궤
- **단어**:
  - 詭計(궤계) : 남을 속이는 꾀.
  - 詭辯(궤변) : 도리에 맞지 않는 변론.
- **필순**: 亠 言 言 計 計 詭

硅

石부의 6획

- **훈음**: 규소 규
- **단어**:
  - 硅砂(규사) : 석영의 작은 알갱이로 이루어진 흰 모래.
  - 硅酸(규산) : 규소·산소·물 따위의 화합물.
- **필순**: 丆 石 石 矿 砉 硅

1급 배정한자

逵

辶부의 8획

- **훈음**: 큰길 규
- **단어**:
  - 九逵(구규) : 사방 여러 곳으로 통하게 된 도시의 큰길.
  - 逵路(규로) : 아홉 방향으로 통하는 길.
- **필순**: 十 圥 坴 坴 坴 逵 逵

窺

穴부의 11획

- **훈음**: 엿볼 규
- **단어**:
  - 窺視(규시) : 넌지시 봄.
  - 窺知(규지) : 엿보아 앎.
- **필순**: 宀 宀 空 窂 窺 窺 窺 窺

葵

艸부의 9획

- **훈음**: 해바라기 규
- **단어**:
  - 葵藿(규곽) : 해바라기.
  - 葵心(규심) : 임금이나 어른의 덕을 우러러 사모함.
- **필순**: 艹 艹 茀 茀 苃 茭 葵 葵

橘

木부의 12획

- **훈음**: 귤나무 귤
- **단어**:
  - 橘顆(귤과) : 귤나무의 열매.
  - 橘柚(귤유) : 귤과 유자를 함께 일컫는 말.
- **필순**: 十 才 朮 朮 枦 橘 橘 橘

剋
刀부의 7획

훈음 이길 극

단어 相剋(상극): 두 사람의 마음이 어긋나고 맞지 아니함.
下剋上(하극상): 아랫사람이 윗사람을 꺾고 오름.

필순 十 古 声 克 剋 剋

戟
戈부의 8획

훈음 창 극

단어 劍戟(검극): 칼과 창.
刺戟(자극): 유기체에 어떤 반응을 일어나게 하는 작용.

필순 十 古 甴 卓 卓 軋 戟 戟

棘
木부의 8획

훈음 가시나무 극

단어 荊棘(형극): 나무의 가시. 고초나 난관을 비유하여 이르는 말.

필순 一 冂 市 束 束 㯂 㯂 棘

隙
阜부의 10획

훈음 틈 극

단어 暇隙(가극): 겨를이나 틈.
間隙(간극): 두 물체나 시간 사이에 생기는 틈.

필순 阝 阝' 阝'' 陊 階 隙 隙

1급 배정한자

覲
見부의 11획

훈음 뵐 근

단어
覲光(근광) : 윗사람을 만나 뵘.
覲親(근친) : 시집간 딸이 친정으로 와서 부모님을 뵘.

필순 一 艹 芇 莒 菫 剚 剸 覲

饉
食부의 11획

훈음 흉년들 근

단어
饑饉(기근) : 농작물 수확이 잘 되지 않아 먹을 것이 부족한 것.

필순 丿 亼 倉 飰 饉 饉 饉

衾
衣부의 4획

훈음 이불 금

단어
衾枕(금침) : 이부자리와 베개.
鴛鴦衾枕(원앙금침) : 원앙을 수 놓은 이부자리와 베개.

필순 人 今 仐 仐 衾 衾

擒
手부의 13획

훈음 사로잡을 금

단어
擒生(금생) : 산 채로 잡음.
擒縱(금종) : 사로잡는 것과 놓아 주는 것.

필순 丬 扌 扩 扲 捡 捡 擒 擒

襟
衣부의 13획

훈음 옷깃,생각 금

단어
連襟(연금) : 자매(姉妹)의 남편끼리 서로 일컫는 말.
胸襟(흉금) : 가슴속의 생각.

필순 丶 亠 衤 衤 衤 衤 襟 襟

扱
手부의 4획

훈음 미칠 급

단어
取扱(취급) : 일을 처리함. 응대하거나 대접함. 사물을 다룸.

필순 一 十 扌 扔 扱 扱

汲
水부의 4획

훈음 물길을 급

단어
汲汲(급급) : 어떤 일에 마음을 쏟아서 쉴 사이가 없음.
汲水(급수) : 물을 길음.

필순 丶 氵 氵 汈 汲 汲

矜
矛부의 4획

훈음 자랑할 긍

단어
誇矜(과긍) : 뽐내고 자랑함.
矜持(긍지) : 자신하여 스스로 자랑하는 마음.

필순 𠃌 乛 子 矛 矜 矜

1급 배정한자

亘

二부의 4획

훈음: 걸칠 긍
단어: 亘古(긍고) : 옛날까지 걸침. 영원함.
필순: 一 厂 一 丌 丏 百 亘

嗜

口부의 10획

훈음: 즐길 기
단어: 嗜僻(기벽) : 치우쳐 좋아하는 버릇.
嗜好(기호) : 어떤 사물을 즐기고 좋아함.
필순: 口 口 口 吐 唑 唑 唑 嗜 嗜

伎

人부의 4획

훈음: 재주 기
단어: 技와 같이 쓰임.
伎倆(기량) : 기술상의 재주.
필순: 丿 亻 亻 什 仕 伎

妓

女부의 4획

훈음: 기생 기
단어: 妓女(기녀) : 기생.
娼妓(창기) : 몸을 파는 여자.
필순: 乚 ㄣ 女 女 妇 妓 妓

朞
月부의 8획

- **훈음**: 돌아올 기
- **단어**:
  - 朞年(기년) : 만 일 년이 되는 날.
  - 朞年祭(기년제) : 죽은 지 일 년 만에 지내는 제사.
- **필순**: 一 十 甘 其 幕 朞

杞
木부의 3획

- **훈음**: 구기자나무, 나라이름 기
- **단어**:
  - 枸杞子(구기자) : 구기자나무. 구기자나무 열매.
  - 杞憂(기우) : 앞일에 대해 쓸데없는 걱정을 함.
- **필순**: 一 十 才 木 杧 朷 杞

崎
山부의 8획

- **훈음**: 험할 기
- **단어**:
  - 崎嶇(기구) : 사람의 세상살이가 순탄하지 못하고 가탈이 많음.
- **필순**: 丨 山 山′ 山ᵗ 屺 崎 崎

綺
糸부의 8획

- **훈음**: 비단 기
- **단어**:
  - 綺羅(기라) : 아름답고 고운 비단.
  - 綾綺(능기) : 무늬가 있는 비단.
- **필순**: ㄥ 幺 幺 糸 紂 紵 綺 綺

1급 배정한자

畸
田부의 8획

훈음: 불구,뙈기밭 기

단어:
畸兒(기아) : 정상과는 다른 모습으로 태어난 아이.
畸形(기형) : 정상이 아닌 기이한 형태.

필순: 冂 田 田⁻ 田ˣ 畔 畸 畸

羈
网부의 19획

훈음: 굴레 기

단어:
羈絆(기반) : 말에 굴레를 씌우듯이 자유를 얽어 맴.
羈束(기속) : 얽어매어 묶음.

필순: 罒 罒 罒 罨 罨 羈 羈 羈

肌
肉부의 2획

훈음: 살 기

단어:
肌骨(기골) : 살과 뼈를 아울러 부르는 말.
肌色(기색) : 살색. 피부의 빛.

필순: 丿 几 月 月 肌 肌

譏
言부의 12획

훈음: 나무랄,살필 기

단어:
譏謗(기방) : 남을 비웃고 헐뜯어서 말함.
譏察(기찰) : 살핌. 조사함.

필순: 亠 言 言 計 諔 諤 譏 譏

拮
手부의 6획

훈음 일할 길
단어 拮据(길거) : 바쁘게 일함.
拮抗(길항) : 서로 버티어 대항함.
필순 一 十 扌 扌 扌 拮 拮

喫
口부의 9획

훈음 마실, 당할 끽
단어 喫茶(끽다) : 차를 마심.
喫苦(끽고) : 고생을 함.
필순 口 口刀 叱 叻 喫 喫 喫 喫

儺
人부의 19획

훈음 역귀쫓을 나
단어 驅儺(구나) : 연말에 귀신을 쫓는 의식.
儺禮(나례) : 궁중에서 악귀를 쫓던 의식.
필순 亻 亻" 亻" 俥 僅 傼 儺 儺

懦
心부의 14획

훈음 약할 나
단어 懦鈍(나둔) : 나약하고 둔함.
懦弱(나약) : 뜻이 굳세지 못하고 약함.
필순 丶 忄 忄 忄 忄 忄 懦 懦

1급 배정한자

挐
手부의 5획

훈음 잡을 나

단어 '拿'의 본자.
挐攫(나확) : 잡음.

필순 夕 女 奴 奴 怒 挈 挐

拿
手부의 6획

훈음 잡을 나

단어 拘拿(구나) : 죄인을 잡음.
拿捕(나포) : 죄인이나 적군의 배 같은 것을 붙잡음.

필순 人 ㅅ 合 仐 仐 拿 拿

煖
火부의 9획

훈음 따뜻할 난

단어 煖房(난방) : 건물의 안이나 방 안을 따뜻하게 함.
煖爐(난로) : 불을 피워 집안을 따뜻하게 하는 장치.

필순 ㆍ 火 火 火 烜 煊 煖 煖

捏
手부의 7획

훈음 반죽할 날

단어 捏造(날조) : 남을 헐뜯기 위하여 없는 일을 거짓 꾸밈.
흙 같은 것으로 반죽하여 물건의 형상을 만듦.

필순 一 十 扌 扫 押 捏 捏

捺
手부의 8획

훈음: 도장찍을 날
단어: 捺印(날인) : 도장을 찍음.
필순: 亅 扌 扩 扴 捺 捺 捺 捺

捺

涅
水부의 7획

훈음: 개흙 녈
단어: 涅槃(열반) : 모든 번뇌의 얽매임에서 벗어나고, 진리를 깨달아 불생불멸의 법을 체득한 경지. 죽음. 입적.
필순: 丶 氵 氵 汩 湼 涅

涅

衲
衣부의 4획

훈음: 장삼 납
단어: 衲衣(납의) : 빛이 검은 중의 옷.
緋衲(비납) : 붉은 승복.
필순: 丶 ㄔ 衤 衤 衤 衲 衲

衲

囊
口부의 19획

훈음: 주머니 낭
단어: 錦囊(금낭) : 비단 주머니.
背囊(배낭) : 등에 질 수 있게 만든 주머니.
필순: 一 中 卉 帯 橐 彙 囊 囊

囊

1급 배정한자

撚
手부의 12획

훈음 꼴 년

단어
撚絲(연사) : 꼰 실.
撚紙(연지) : 종이를 비벼 꼬아서 만든 끈.

필순 亅 扌 扌 扚 扚 撚 撚 撚

弩
弓부의 5획

훈음 쇠뇌 노

단어
弓弩(궁노) : 활과 쇠뇌.
弩手(노수) : 쇠뇌를 쏘는 사람.

필순 夕 女 如 奴 弩 弩

駑
馬부의 5획

훈음 둔할 노

단어
駑鈍(노둔) : 어리석고 둔하여 쓸모가 없음.
駑馬(노마) : 둔한 말.

필순 夕 如 奴 奴 駑 駑 駑 駑

膿
肉부의 13획

훈음 고름 농

단어
血膿(혈농) : 피가 섞인 고름.
化膿(화농) : 종기가 곪아서 고름이 생김.

필순 刀 月 月⼂ 胛 胛 胛 膿 膿

訥
言부의 4획

훈음 말더듬을 눌

단어
訥辯(눌변) : 더듬거리는 말씨. 구변이 없는 것.
訥澁(눌삽) : 말을 더듬어 듣기에 힘들고 답답함.

필순 亠 ㄿ 言 訒 訥 訥

紐
糸부의 4획

훈음 맺을 뉴

단어
結紐(결뉴) : 얽어맺음.
紐帶(유대) : 서로를 결합하는 관계.

필순 纟 纟 纟 糸 紉 紐 紐

匿
匚부의 9획

훈음 숨을 닉

단어
匿空(익공) : 몸을 숨기기 위한 구멍.
匿名(익명) : 이름을 숨김.

필순 一 T 干 严 若 若 匿

簞
竹부의 12획

훈음 소쿠리 단

단어
簞食(단사) : 도시락 밥.
一簞(일단) : 대나무로 만든 그릇이나 도시락 한 개.

필순 ⺮ 笁 笁 笽 笪 簹 簞 簞

1급 배정한자

緞

糸부의 9획

훈음: 비단 단

단어:
- 絨緞(융단): 털을 표면에 보풀이 일게 짠 두꺼운 모직물.
- 紬緞(주단): 명주와 비단 따위를 통틀어서 말함.

필순: 幺 幺 糸 紀 紀 紀 緞 緞

蛋

虫부의 5획

훈음: 새알 단

단어:
- 蛋黃(단황): 알의 노른자위.
- 蛋白質(단백질): 흰자질. 신체에 필요한 유기 화합물.

필순: 丆 疋 쟢 蛋 蛋

撻

手부의 13획

훈음: 매질할 달

단어:
- 鞭撻(편달): 채찍으로 때림.
- 撻脚(달각): 회초리로 종아리를 때림.

필순: 扌 扌 扌 扌 挓 撻 撻 撻

疸

疒부의 5획

훈음: 황달병 달

단어:
- 黃疸(황달): 담즙이 혈액에 들어가 몸이 누렇게 되는 병.
- 菜疸(채달): 채독으로 생기는 황달병.

필순: 亠 广 疒 疒 疸 疸

痰
广부의 8획

훈음 가래 담

단어 痰唾(담타) : 가래와 침을 아울러 이르는 말.
血痰(혈담) : 피가 섞여 나오는 가래.

필순 亠 广 广 疒 疒 疢 痰 痰

憺
心부의 13획

훈음 편할, 두려워할 담

단어 憺然(담연) : 편안한 모양.
慘憺(참담) : 몹시 암담함.

필순 丶 忄 忄 忄 怜 怜 憺 憺

澹
水부의 13획

훈음 맑을 담

단어 澹味(담미) : 산뜻한 맛.
澹澹(담담) : 마음이 고요하고 물욕이 없음.

필순 丶 氵 氵 氵 泞 浐 澹 澹

譚
言부의 12획

훈음 이야기 담

단어 奇譚(기담) : 이상야릇하고도 재미있는 이야기.
民譚(민담) : 민간에 전해져 오는 이야기.

필순 言 言 言 言 諢 諢 諢 譚

1급 배정한자

曇
日부의 12획

- **훈음**: 흐릴 담
- **단어**:
  - 曇天(담천) : 구름이 끼어서 흐린 하늘.
  - 晴曇(청담) : 맑음과 흐림.
- **필순**: 冂 日 旦 旱 昙 昙 曇 曇

遝
辶부의 10획

- **훈음**: 뒤섞일 답
- **단어**: 遝至(답지) : 여럿이 한군데로 몰려서 옴.
- **필순**: 冂 罒 罒 睪 睪 㴾 遝 遝

撞
手부의 12획

- **훈음**: 칠 당
- **단어**:
  - 撞着(당착) : 앞뒤가 서로 어긋남.
  - 撞球(당구) : 공을 쳐서 승부를 가리는 경기의 하나.
- **필순**: 亅 扌 扩 扩 护 撞 撞 撞

棠
木부의 8획

- **훈음**: 아가위 당
- **단어**:
  - 棠毬子(당구자) : 아가위.
  - 棠梨(당리) : 팥배나무의 열매.
- **필순**: 丨 丷 兴 尚 尚 堂 棠 棠

螳
虫부의 11획

훈음 사마귀 당

단어
螳螂(당랑) : 사마귀. 버마재비.
螳螂之力(당랑지력) : 보잘것없는 힘.

필순 口 中 虫 虫' 虫" 蚣 螳 螳

擡
手부의 14획

훈음 들 대

단어
擡頭(대두) : 머리를 쳐듦. 어떤 세력이나 현상이 머리를 쳐들고 나타남.

필순 扌 扩 扩 拮 拮 擡 擡 擡

袋
衣부의 5획

훈음 자루 대

단어
弓袋(궁대) : 활을 넣는 자루.
布袋(포대) : 포목으로 만든 자루.

필순 亻 亻 代 代 岱 华 袋

掉
手부의 8획

훈음 흔들 도

단어
掉尾(도미) : 꼬리를 흔듦.
掉舌(도설) : 혀를 휘둘러 변론함.

필순 扌 扌 扩 抻 拍 拍 掉

1급 배정한자

堵
土부의 9획

훈음: 담 도
단어:
堵牆(도장) : 담. 울타리.
安堵(안도) : 어떤 일이 잘 진행되어 마음을 놓음.
필순: 十 土 土' 垆 堵 堵 堵

屠
尸부의 9획

훈음: 죽일 도
단어:
屠殺(도살) : 잡아 죽임.
屠漢(도한) : 백정.
필순: 尸 尸 屌 屌 屠 屠

搗
手부의 10획

훈음: 찧을 도
단어:
搗精(도정) : 곡식을 찧거나 쓿음.
搗砧(도침) : 종이나 가죽 등을 다듬잇돌에서 다듬는 일.
필순: 十 扌 扩 护 护 捣 捣 搗

淘
水부의 8획

훈음: 일 도
단어:
淘金(도금) : 사금을 일어 가려냄.
淘汰(도태) : 불필요하거나 부적당한 것을 줄여 없앰.
필순: 丶 氵 氵 汋 汋 淘 淘 淘

萄
艸부의 8획

- **훈음**: 포도나무 도
- **단어**:
  - 葡萄(포도) : 포도과의 낙엽 활엽 덩굴성 나무.
  - 葡萄糖(포도당) : 인체에 필요한 영양소의 하나.
- **필순**: 艹 艹 芍 芍 荀 萄

滔
水부의 10획

- **훈음**: 넘칠 도
- **단어**:
  - 滔滔(도도) : 흐르는 물이 막힘이 없고 세참.
  - 滔乎(도호) : 넓고 큰 모양.
- **필순**: 丶 氵 氵 氵 汢 浐 滔 滔 滔

濤
水부의 14획

- **훈음**: 물결 도
- **단어**:
  - 怒濤(노도) : 무섭게 몰려오는 큰 파도.
  - 波濤(파도) : 큰 물결.
- **필순**: 氵 氵 汁 洼 涛 濤 濤 濤

睹
目부의 9획

- **훈음**: 볼 도
- **단어**:
  - 目睹(목도) : 눈으로 봄.
- **필순**: 冂 目 旪 肚 睹 睹 睹

1급 배정한자

禱
示 부의 14획

훈음: 빌 도

단어:
祈禱(기도) : 절대적 존재에게 빎.
默禱(묵도) : 말없이 마음속으로 기도함.

필순: 二 示 示¹ 禱 禱 禱 禱 禱

賭
貝 부의 9획

훈음: 내기 도

단어:
賭博(도박) : 돈이나 재물을 걸고 하는 노름.
賭地(도지) : 일정한 금액으로 빌려 쓰는 논밭이나 집터.

필순: 冂 目 貝 貝¹ 貯 賭 賭 賭

棹
木 부의 8획

훈음: 노 도

단어:
棹歌(도가) : 뱃노래. 상앗대로 배를 밀어 내면서 부르는 노래. 도창(棹唱).

필순: 十 木 朾 朾 桲 棹 棹

蹈
足 부의 10획

훈음: 밟을 도

단어:
蹈襲(도습) : 옛것을 좇아 그대로 함.
舞蹈(무도) : 춤을 춤.

필순: 口 吊 됴 趵 趵 跖 蹈 蹈

鍍
金부의 9획

훈음 도금할 도

단어 鍍金(도금) : 금·은 따위를 녹여서 물체의 거죽에 얇게 입히는 일.

필순 ノ 乍 金 釒 釕 鉒 鍍 鍍

瀆
水부의 15획

훈음 더럽힐 독

단어 瀆職(독직) : 공무원이 지위나 직권을 남용하여 뇌물을 받는 등 부정한 행위를 저지름.

필순 氵 氵 浐 浐 浐 清 瀆 瀆

禿
禾부의 2획

훈음 대머리 독

단어 禿頭(독두) : 대머리.
禿筆(독필) : 끝이 닳은 붓.

필순 二 千 禾 禾 禿 禿

沌
水부의 4획

훈음 엉길 돈

단어 混沌(혼돈) : 사물의 구별이 확실하지 않은 상태.

필순 丶 氵 氵 汇 沪 沌

憧
心부의 12획

훈음 그리워할 동
단어 憧憬(동경) : 간절히 그리워하여 그것만을 생각함.
필순 丶 忄 忄 忄 忄 忄 忄 忄 忄 忄 忄 忄 忄 忄 憧 憧

疼
疒부의 5획

훈음 아플 동
단어 疼痛(동통) : 몸이 쑤시고 아픔.
필순 亠 广 疒 疒 疚 疼

瞳
目부의 12획

훈음 눈동자 동
단어 瞳孔(동공) : 눈동자.
綠瞳(녹동) : 푸른 눈동자.
필순 丨 目 目 瞳 瞳 瞳 瞳 瞳

胴
肉부의 6획

훈음 큰창자 동
단어 胴部(동부) : 동물의 몸에서 가슴과 배를 합한 부분.
胴體(동체) : 몸통.
필순 丿 刀 月 月 肌 胴 胴

兜
儿 부의 9획

훈음 투구 두
단어 兜鍪(두무) : 투구.
필순 ㄣ ㄣ´ 㓁 㕹 㕹 兜 兜

痘
疒 부의 9획

훈음 천연두 두
단어 種痘(종두) : 천연두를 예방하기 위하여 백신을 인체의 피부에 접종하는 일.
필순 亠 广 疒 疒 痄 疽 痘

臀
肉 부의 13획

훈음 볼기 둔
단어 臀部(둔부) : 엉덩이. 볼기 언저리.
臀腫(둔종) : 볼기짝이나 그 근처에 나는 종기.
필순 尸 尸 屈 屄 殿 臀 臀 臀

遁
辶 부의 9획

훈음 숨을,달아날 둔
단어 遁甲(둔갑) : 귀신을 부려 변신하는 술법의 한 가지.
逃遁(도둔) : 도망하여 숨음.
필순 厂 厂 厃 盾 盾 盾 遁 遁

1급 배정한자

橙
木 부의 12획

훈음 등자나무 등

단어 橙黃(등황) : 타이, 미얀마, 캄보디아, 스리랑카 등에서 나는 식물의 수지로 만든 선명한 황색의 채색.

필순 十 才 才 朴 松 柊 橙 橙

懶
心 부의 16획

훈음 게으를 라

단어 懶婦(나부) : 게으른 여자.
懶怠(나태) : 게으름. 느리고 게으름.

필순 忄 忄 忙 怖 悚 悚 懶 懶

癩
疒 부의 16획

훈음 문둥병 라

단어 癩病(나병) : 문둥병.

필순 亠 疒 疒 疗 痄 痢 癩 癩

邏
辶 부의 19획

훈음 돌 라

단어 邏卒(나졸) : 순찰을 도는 병졸.
巡邏(순라) : 번든 군졸이 그 경내를 순찰함.

필순 罒 罒 罒 罥 羂 邏 邏 邏

螺
虫 부의 11획

훈음: 소라 라
단어:
- 螺絲(라사): 나사못. 소라처럼 비틀리게 고랑진 물건.
- 鳴螺(명라): 소라를 불어 울림.

필순: ㅁ 中 虫 虫ˊ 虫⁷ 虫⁷ 螺 螺

烙
火 부의 6획

훈음: 지질 락
단어:
- 烙記(낙기): 낙인을 찍음.
- 烙印(낙인): 불에 달궈 찍는 쇠도장.

필순: ㆍ 火 炒 炊 烙 烙

駱
馬 부의 6획

훈음: 낙타 락
단어:
- 駱駝(낙타): 낙타과의 짐승을 통틀어 이르는 말.

필순: ㅣ ㄇ ㅌ 馬 馬 馰 駇 駱

酪
酉 부의 6획

훈음: 쇠젖,술 락
단어:
- 酪農(낙농): 젖소·염소를 길러 그 젖을 이용하는 산업.
- 酪母(낙모): 술찌끼.

필순: 一 ㄒ 酉 酉 酌 酪 酪

1급 배정한자

鸞
鳥 부의 19획

훈음: 난새 란

단어:
鸞駕(난가) : 임금의 수레.
鳳鸞(봉란) : 상상의 새인 봉황새와 난새.

필순: 幺 糸 糸言 絲 絲言 䜌 鸞 鸞

瀾
水 부의 17획

훈음: 물결 란

단어:
瀾汗(난한) : 큰 물결.
波瀾(파란) : 작은 물결과 큰 물결. 곤란이나 사단.

필순: 氵 汈 汀 汀 汈 澗 瀾 瀾

剌
刀 부의 7획

훈음: 뛰는소리, 어그러질 랄

단어:
潑剌(발랄) : 활발하게 약동하는 모양.

필순: 一 二 市 束 剌 剌

辣
辛 부의 7획

훈음: 매울 랄

단어:
辛辣(신랄) : 비평이나 분석 등이 매우 날카롭고 예리함. 맛이 몹시 매움.

필순: 亠 立 辛 辛 辢 辢 辣

籃
竹 부의 14획

훈음: 바구니 람

단어:
籃輿(남여) : 주로 산길에서 타던 가마.
搖籃(요람) : 젖먹이를 태우고 놀게 하거나 재우는 물건.

필순: ⺮ ⺮ 笁 笁 笁 篏 篏 籃

臘
月 부의 15획

훈음: 납향,섣달 랍

단어:
臘享(납향) : 납일에 지내는 제사.
舊臘(구랍) : 지난 해의 섣달.

필순: 刀 月 ⺼ 臘 臘 臘 臘 臘

蠟
虫 부의 15획

훈음: 밀 랍

단어:
蜜蠟(밀랍) : 꿀벌이 벌집을 만들 때 분비하는 물질.
蠟燭(납촉) : 초. 밀로 만든 초.

필순: 口 虫 虫 蠟 蠟 蠟 蠟 蠟

狼
犬 부의 7획

훈음: 이리 랑

단어:
狼藉(낭자) : 흩어져 어지러움. 나쁜 소문이 자자함.
虎狼(호랑) : 범과 이리, 욕심 많고 잔인한 사람을 말함.

필순: ノ ⺊ ⺘ 犭 犳 狼 狼

1급 배정한자

倆
人부의 8획

- 훈음: 재주 량
- 단어: 技倆(기량) : 기술상의 재주.
- 필순: 亻 亻 仃 仃 佴 倆 倆

粱
米부의 7획

- 훈음: 기장 량
- 단어: 高粱(고량) : 수수.
  黃粱(황량) : 기장.
- 필순: 丶 氵 沙 沙 汃 梁 粱 粱

侶
人부의 7획

- 훈음: 짝 려
- 단어: 伴侶(반려) : 짝이 되는 벗.
  僧侶(승려) : 중.
- 필순: 亻 亻 伒 伒 侶 侶

戾
戶부의 4획

- 훈음: 어그러질, 돌려줄 려
- 단어: 悖戾(패려) : 성질이 순직하지 못하고 비꼬임.
  返戾(반려) : 꾸거나 빌렸던 것을 돌려 줌.
- 필순: 丶 戶 戶 戾 戾 戾

濾
水 부의 15획

훈음 거를 려
단어 濾過(여과) : 걸러서 밭여냄.
濾過器(여과기) : 걸러서 밭여내는 그릇.
필순 氵 氵 汸 沪 沪 滹 濾 濾 濾

閭
門 부의 7획

훈음 마을 려
단어 州閭(주려) : 마을.
閭閻(여염) : 백성들의 살림집이 모여 있는 곳.
필순 ｜ ｐ 門 門 門 門 閂 閭 閭

黎
黍 부의 3획

훈음 검을 려
단어 黎明(여명) : 동이 틀 무렵. 희망의 빛.
黎民(여민) : 검은 머리의 사람들, 즉 백성을 말함.
필순 二 千 禾 秆 黐 黎 黎 黎

瀝
水 부의 16획

훈음 거를 력
단어 瀝靑(역청) : 콜타르에서 휘발 성분을 걸러낸 찌꺼기.
披瀝(피력) : 마음 속에 있는 생각을 털어내어 말함.
필순 氵 氵 汙 浒 浒 瀝 瀝 瀝

1급 배정한자

礫

石 부의 15획

훈음 조약돌 력

단어
礫石(역석) : 자갈.
礫巖(역암) : 자갈이 진흙이나 모래에 섞여 된 바윗돌.

필순 丆 石 矴 础 碰 碰 礫 礫

輦

車 부의 8획

훈음 가마 련

단어
輦道(연도) : 임금이 거둥하는 길.
輦輿(연여) : 임금이 타는 수레.

필순 二 扗 扶 枦 替 替 輦

斂

攴 부의 13획

훈음 거둘 렴

단어
苛斂(가렴) : 세금 따위를 가혹하게 거두어 들임.
出斂(추렴) : 여러 사람이 돈이나 물품을 분담해서 냄.

필순 𠆢 𠆢 合 佥 僉 僉 斂 斂

殮

歹 부의 13획

훈음 염습할 렴

단어
殮襲(염습) : 시체를 씻기고 수의를 입히는 일.
殮布(염포) : 염습할 때 시체를 묶는 베.

필순 丆 歹 歼 殆 殓 殓 殮 殮

簾
竹 부의 13획

훈음 발 렴

단어
珠簾(주렴) : 구슬 따위를 꿰어 만든 발.
簾幕(염막) : 발과 장막.

필순 ⺮ ⺮ 竺 笃 笃 篙 簾 簾

囹
口 부의 5획

훈음 감옥 령

단어
囹圄(영어) : 교도소, 유치장 따위의 총칭.
囹圄空虛(영어공허) : 나라가 태평함을 말함.

필순 丨 冂 冈 冈 囹 囹

鈴
金 부의 5획

훈음 방울 령

단어
金鈴(금령) : 금으로 만든 방울.
電鈴(전령) : 전기로 종을 때려 소리나게 하는 장치.

필순 丿 𠂉 午 余 金 釒 鈴

齡
齒 부의 5획

훈음 나이 령

단어
高齡(고령) : 나이가 많음.
年齡(년령) : 나이.

필순 丨 止 止 步 歩 齒 齡 齡

1급 배정한자 85

逞
辶 부의 7획

훈음: 마음대로할 령

단어:
- 逞志(영지) : 뜻대로 함.
- 不逞(불령) : 제 마음대로 행동함.

필순: 口 모 무 무 呈 浧 逞

撈
手 부의 12획

훈음: 건져낼 로

단어:
- 撈求(노구) : 물에 빠진것을 건져냄.
- 漁撈(어로) : 수산물 따위를 거두어들이는 일.

필순: 扌 扌 扩 扩 扩 捞 撈

擄
手 부의 12획

훈음: 노략질할 로

단어:
- 擄掠(노략) : 남의 나라에 떼를 지어 다니며 사람과 재물을 빼앗음.

필순: 扌 扌 扩 扩 捛 擄 擄 擄

虜
虍 부의 6획

훈음: 사로잡을 로

단어:
- 虜獲(노획) : 적을 사로잡음.
- 捕虜(포로) : 전투에서 사로잡힌 적의 군사.

필순: 广 卢 虍 虏 虜 虜

碌

石 부의 8획

- **훈음**: 돌모양, 따르고좇을 록
- **단어**:
  - 碌靑(녹청) : 염기성 초산동으로 만든 녹색의 도료.
  - 碌碌(녹록) : 따르고 좇는 모양.
- **필순**: 丆 石 矴 砕 砕 碌 碌

麓

鹿 부의 8획

- **훈음**: 산기슭 록
- **단어**:
  - 山麓(산록) : 산기슭.
- **필순**: 木 朴 林 梺 梺 簏 簏 麓

壟

土 부의 16획

- **훈음**: 밭두둑 롱
- **단어**:
  - 壟斷(농단) : 둔덕이 깎아 세운 듯이 높은 곳. 이익을 독차지한다는 뜻의 고사에서 온 말.
- **필순**: 亠 立 产 旁 育 龍 龍 壟

聾

耳 부의 16획

- **훈음**: 귀머거리 롱
- **단어**:
  - 盲聾(맹롱) : 장님과 귀머거리.
  - 聾啞(농아) : 귀머거리와 벙어리.
- **필순**: 亠 产 育 育 龍 龍 龍 聾

1급 배정한자

瓏
玉 부의 16획

- **훈음**: 환할, 옥소리 롱
- **단어**:
  - 玲瓏(영롱) : 찬란하게 빛나는 모양. 소리가 맑고 산뜻함.
  - 瓏瓏(농롱) : 옥 소리가 쟁그렁 거리는 모양.
- **필순**: 王 王` 王ˊ 珜 珜 珜ˉ 瓏 瓏

磊
石 부의 10획

- **훈음**: 돌무더기 뢰
- **단어**:
  - 磊落(뇌락) : 마음이 너그럽고 선선하여 자질구레한 일에 얽매이지 않음.
- **필순**: 一 ア 百 百 呑 磊 磊

儡
人 부의 15획

- **훈음**: 꼭두각시 뢰
- **단어**:
  - 儡身(뢰신) : 실패하여 영락한 몸.
  - 傀儡(괴뢰) : 허수아비.
- **필순**: 亻 伊 伊 伊 儡 儡 儡 儡

賂
貝 부의 6획

- **훈음**: 줄 뢰
- **단어**:
  - 賂物(뇌물) : 목적을 이루려고 몰래 주는 재물.
  - 納賂(납뢰) : 뇌물을 바침.
- **필순**: 冂 目 貝 貯 貯 賂

牢
牛 부의 3획

훈음: 우리, 굳을 뢰
단어:
牢獄(뇌옥) : 죄인을 가두어 두는 곳.
牢固(뇌고) : 아주 튼튼함.
필순: ` 宀 宀 宀 宀 牢 牢

寮
宀 부의 12획

훈음: 동관 료
단어:
寮友(요우) : 동료. 같은 기숙사 생.
學寮(학료) : 학교의 기숙사.
필순: 宀 宀 宂 宂 寀 寮 寮 寮

燎
火 부의 12획

훈음: 화톳불 료
단어:
燎亂(요란) : 불이 붙어 어지러움. 불 타듯 찬란함.
燎火(요화) : 화톳불.
필순: ` 火 火 炒 炒 烙 燎 燎

寥
宀 부의 11획

훈음: 고요할 료
단어:
寥廓(요확) : 텅 비어 끝없이 넓음.
寥闊(요활) : 텅 비어 쓸쓸함.
필순: 宀 宀 宀 宛 宛 宛 寥 寥

1급 배정한자 89

瞭

目 부의 12획

훈음: 밝을 료
단어:
瞭然(요연) : 분명하고 명백함.
明瞭(명료) : 분명하고 똑똑함.
필순: 丨 目 目̄ 盯 眤 眹 睰 瞭

聊

耳 부의 5획

훈음: 즐거워할 료
단어: 無聊(무료) : 심심함.
필순: 丆 耳 耳 耵 耶 聊 聊

陋

阜 부의 6획

훈음: 더러울, 좁을 루
단어:
陋名(누명) : 억울하게 뒤집어 쓴 불명예.
固陋(고루) : 고집이 세고 변통성이 없음.
필순: 阝 阝 阰 阿 陋 陋

壘

土 부의 15획

훈음: 진 루
단어:
壘塊(누괴) : 가슴에 서린 덩이. 마음속 불평.
堡壘(보루) : 적을 막기 위해 구축한 진지.
필순: 冂 田 田 田 畾 畾 畾 壘

溜
水 부의 10획

훈음: 물방울, 낙수물 류

단어:
溜槽(유조): 빗물을 받는 큰 통.
蒸溜(증류): 액체에서 생긴 기체를 식혀 다시 액체로 만듦.

필순: 丶 氵 汀 汈 汋 浏 溜 溜

琉
玉 부의 7획

훈음: 유리 류

단어:
琉璃(유리): 규산염을 녹여 섞어서 굳혀 만든 물건.
琉璃窓(유리창): 유리를 끼워 넣은 창문.

필순: T 王 圹 玗 珫 琉

瘤
疒 부의 10획

훈음: 혹 류

단어:
瘤腫(유종): 혹.

필순: 亠 广 疒 疒 痀 痀 瘤 瘤

戮
戈 부의 11획

훈음: 죽일 륙

단어:
戮辱(육욕): 욕. 치욕.
殺戮(살륙): 무엇을 빙자하고 사람을 함부로 죽임.

필순: 习 羽 羿 翏 翏 戮 戮 戮

1급 배정한자

綸
糸 부의 8획

훈음 다스릴 륜, 관건 관

단어 經綸(경륜) : 일을 조직적으로 잘 경영함.
綸巾(관건) : 비단 두건.

필순 乡 幺 糸 紒 紒 給 綸

淪
水 부의 8획

훈음 잔물결 륜

단어 淪落(윤락) : 영락하여 다른 곳으로 떠돌아 다님.
湮淪(인륜) : 자취도 없이 모두 없어짐. 또는 그렇게 없앰.

필순 丶 氵 汃 汾 浍 淪

慄
心 부의 10획

훈음 두려워할 률

단어 戰慄(전율) : 몹시 두려워 몸이 떨림.

필순 丶 忄 忄 㤈 㥁 㥁 惲 慄

肋
肉 부의 2획

훈음 갈빗대 륵

단어 鷄肋(계륵) : 닭 갈비. 버리지도 취할 수도 없는 경우.
肋骨(늑골) : 갈비뼈.

필순 丿 刀 月 月 肋 肋

勒
力 부의 9획

훈음 굴레 륵
단어 勒買(늑매) : 강제로 물건을 삼.
勒奪(늑탈) : 폭력이나 위력으로 빼앗음.
필순 一 艹 廿 苫 革 靪 勒

凜
冫 부의 13획

훈음 찰, 늠름할 름
단어 凜冽(늠렬) : 추위가 매우 심함.
凜凜(늠름) : 태도가 의젓하고 씩씩한 모양.
필순 冫 广 冫 冫 冲 渲 渲 凜

凌
冫 부의 8획

훈음 능가할, 업신여길 릉
단어 凌駕(능가) : 다른 것과 비교하여 그보다 훨씬 뛰어남.
凌蔑(능멸) : 업신여겨 깔봄.
필순 冫 冫 冫 冸 浚 凌

稜
禾 부의 8획

훈음 모서리 릉
단어 稜線(능선) : 산등을 따라 죽 이어지는 봉우리의 선.
稜威(능위) : 존엄한 위세.
필순 二 千 禾 禾 秒 秒 稜 稜

1급 배정한자

綾
糸 부의 8획

- **훈음**: 비단 릉
- **단어**:
  - 綾羅(능라) : 두꺼운 비단과 얇은 비단.
  - 綾紗(능사) : 얇은 비단.
- **필순**: 乡 彳 糸 糽 紤 絒 綾 綾

菱
艸 부의 8획

- **훈음**: 마름 릉
- **단어**:
  - 菱塘(능당) : 마름이 덮인 연못의 둑.
  - 菱形(능형) : 마름모꼴.
- **필순**: 艹 艹 艹 苂 芠 茭 菱

俚
人 부의 7획

- **훈음**: 속될 리
- **단어**:
  - 俚諺(이언) : 속담.
  - 鄙俚(비리) : 풍속이나 언어 따위가 속되고 촌스러움.
- **필순**: 亻 亻 仴 但 俚 俚

釐
里 부의 11획

- **훈음**: 다스릴 리
- **단어**:
  - 釐正(이정) : 다스려 바르게 함.
  - 毫釐(호리) : 잣눈과 저울눈의 호와 이.
- **필순**: 二 未 未 敉 嫠 嫠 釐 釐

俐

훈음: 영리할 리
단어: 悧와 同字. 영리하다, 똑똑하다의 뜻.

心 부의 7획

필순: 丶 丨 忄 忄 忄 怀 俐 俐

痢

훈음: 이질 리
단어: 痢疾(이질) : 전염병의 하나.
疫痢(역리) : 여름에 걸리기 쉬운 전염성 설사병의 총칭.

疒 부의 7획

필순: 亠 广 疒 疒 痄 痄 痢 痢

籬

훈음: 울타리 리
단어: 籬垣(이원) : 울타리.
牆籬(장리) : 울타리.

竹 부의 7획

필순: 竹 笁 筲 筲 簹 籬 籬 籬

罹

훈음: 걸릴 리
단어: 罹病(이병) : 병에 걸림.
罹災(이재) : 재해를 입음.

网 부의 11획

필순: 冂 罒 罒 罒 罒 罘 罘 罹

1급 배정한자

裡
衣 부의 7획

훈음: 속 리
단어: 裏의 속자. 裏面(이면) : 속. 안. 내면.
裡里(이리) : 전라북도에 있던 행정 도시.
필순: ㄱ ㄔ ㄤ 衤 衦 衵 袒 裡 裡

吝
口 부의 4획

훈음: 아낄 린
단어: 吝嗇(인색) : 재물을 몹시 다랍게 아낌.
필순: 亠 ㄉ 文 文 吝 吝

鱗
漁 부의 12획

훈음: 비늘 린
단어: 鱗甲(인갑) : 비늘과 껍데기.
魚鱗(어린) : 물고기의 비늘.
필순: ㄅ 刍 甸 魚 魚 鮏 鮴 鱗

躪
足 부의 20획

훈음: 짓밟을 린
단어: 蹂躪(유린) : 짓밟음. 폭력으로 남의 권리를 누름.
필순: 口 吊 昆 趴 踊 躪 躪 躪

燐

火 부의 12획

훈음: 도깨비불 린
단어:
燐酸(인산) : 오산화인에 물을 작용시켜 얻는 산.
燐火(인화) : 도깨비불.
필순: 丶 火 炒 炒 炒 燐 燐 燐

淋

水 부의 8획

훈음: 물뿌릴 림
단어:
淋疾(임질) : 임균이 일으키는 성병.
필순: 丶 氵 汁 沭 沐 淋

笠

竹 부의 5획

훈음: 삿갓 립
단어:
笠帽(입모) : 갓 위에 덧 쓰는 유지로 된 우비.
草笠(초립) : 어린 나이에 관례를 한 사람이 쓰던 갓.
필순: 𠂉 𠂉 竹 竺 竺 笠 笠

粒

米 부의 5획

훈음: 낟알 립
단어:
粒子(입자) : 작은 알갱이.
米粒(미립) : 쌀 알.
필순: 丷 丷 米 米 粒 粒

寞
宀부의 11획

훈음 쓸쓸할 막

단어 寞寞(막막) : 쓸쓸하고 괴괴한 모양.
寂寞(적막) : 고요하고 쓸쓸함.

필순 宀 宀 宀 宵 宵 宵 寞 寞

卍
十부의 4획

훈음 만자 만

단어 卍字(만자) : '卍' 자 모양으로 된 표지.
卍字窓(만자창) : 卍자 모양으로 된 창.

필순 一 十 干 卐 卐 卍

彎
弓부의 19획

훈음 굽을 만

단어 彎曲(만곡) : 활처럼 굽음.
彎弓(만궁) : 활을 당김.

필순 幺 糸 結 結 䋝 䌽 䜌 彎

挽
手부의 7획

훈음 당길 만

단어 挽留(만류) : 붙잡아 말림.
挽回(만회) : 바로잡아 회복함.

필순 扌 扌 扩 扩 挽 挽

瞞
目 부의 11획

훈음: 속일 만, 부끄러워할 문

단어:
欺瞞(기만) : 속임.
瞞然(문연) : 부끄러워하는 모양.

필순: 丿 目 目⁻ 目⁺⁺ 瞞 瞞 瞞 瞞

饅
食 부의 11획

훈음: 만두 만

단어: 饅頭(만두) : 밀가루 따위를 반죽하여 소를 넣어 빚은 빵 같은 음식.

필순: 丿 亻 亻 亻 亻 亻 亻 饅

鰻
魚 부의 11획

훈음: 뱀장어 만

단어: 風鰻(풍만) : 말린 뱀장어.

필순: 丿 亇 刍 刍 魚 魚 鰻 鰻 鰻

蔓
艸 부의 11획

훈음: 덩굴 만

단어:
蔓生(만생) : 식물의 줄기가 덩굴로 자람.
蔓延(만연) : 널리 번져 퍼짐.

필순: 艹 艹 艹 苗 苗 苺 蔓 蔓

1급 배정한자

輓
車부의 7획

훈음: 끌, 애도할 만

단어:
輓近(만근) : 몇 해 전부터 현재까지의 기간.
輓歌(만가) : 상여를 메고 갈 때 부르는 노래.

필순: 一 亍 言 車 軐 軐 輓 輓

抹
手부의 5획

훈음: 지울, 바를 말

단어:
抹殺(말살) : 있는 사물을 뭉개어 아주 없애 버림.
塗抹(도말) : 발라서 보이지 않게 함. 임시변통으로 꾸밈.

필순: 一 十 扌 扌 扌 抹 抹

沫
水부의 5획

훈음: 거품 말

단어:
白沫(백말) : 흰빛으로 부서지는 물거품.
泡沫(포말) : 물거품.

필순: 丶 氵 氵 汁 沫 沫

襪
衣부의 15획

훈음: 버선 말

단어:
洋襪(양말) : 맨발에 신도록 실이나 섬유로 짠 것.

필순: 丶 衤 衤 衤 襪 襪 襪 襪

惘

心 부의 8획

훈음: 실망할 망
단어: 惘然(망연) : 기가 막혀 맥이 풀리고 멍함.
필순: 丶 忄 忄 忄 忄 忄 惘 惘

芒

艸 부의 3획

훈음: 까끄라기, 꼬리별 망
단어: 芒刺(망자) : 까끄라기나 가시.
彗芒(혜망) : 혜성의 뒤에 꼬리같이 길게 끌리는 빛.
필순: 丨 丨 丨 丷 芐 芒

昧

日 부의 5획

훈음: 어두울 매
단어: 茫昧(망매) : 흐리멍덩하고 둔함.
蒙昧(몽매) : 사리에 어둡고 어리석음.
필순: 冂 日 日 旷 旷 旷 昧

寐

宀 부의 9획

훈음: 잠잘 매
단어: 寐語(매어) : 잠꼬대.
夢寐(몽매) : 잠과 꿈.
필순: 宀 宀 宀 宁 宆 宆 寐 寐

1급 배정한자

煤
火부의 9획

- **훈음**: 그을음 매
- **단어**:
  - 煤煙(매연) : 그을음이 섞인 연기.
  - 煤炭(매탄) : 석탄.
- **필순**: 丶 火 火' 炒 炒 煋 煤

罵
网부의 10획

- **훈음**: 꾸짖을 매
- **단어**:
  - 罵倒(매도) : 심히 욕하여 꾸짖음.
  - 唾罵(타매) : 침을 뱉고 욕을 함.
- **필순**: 冂 罒 罒 罥 罵 罵 罵

邁
辶부의 13획

- **훈음**: 갈 매
- **단어**:
  - 邁進(매진) : 힘차게 나아감.
  - 高邁(고매) : 품위가 높고 뛰어남.
- **필순**: 丷 艹 苗 萬 萬 萬 邁 邁

呆
口부의 4획

- **훈음**: 어리석을 매
- **단어**:
  - 癡呆(치매) : 어리석어져서 바보가 되는 현상. 정신적인 능력이 상실된 상태.
- **필순**: 口 므 무 呆 呆

萌 艸부의 8획	훈음	싹 맹
	단어	萌黎(맹려) : 백성. 萌芽(맹아) : 식물에 새로 트는 싹.
	필순	艹 艿 芇 莳 萌 萌

萌

棉 木부의 8획	훈음	목화 면
	단어	棉作(면작) : 목화 농사. 草棉(초면) : 목화.
	필순	十 才 木 朾 枦 棉 棉

棉

緬 糸부의 9획	훈음	멀,가는실 면
	단어	緬禮(면례) : 무덤을 옮겨서 장사를 다시 지냄. 緬羊(면양) : 털이 긴 양.
	필순	乡 纟 糸 糽 紒 緬 緬 緬

緬

眄 目부의 4획	훈음	곁눈질할 면
	단어	顧眄(고면) : 뒤돌아 봄. 左顧右眄(좌고우면) : 여기저기 돌아다봄.
	필순	冂 目 盯 盰 眄 眄

眄

1급 배정한자

麵
麥 부의 9획

훈음: 국수 면

단어:
- 麥麵(맥면): 보리 가루로 만든 국수.
- 唐麵(당면): 녹말을 가루로 만든 마른 국수.

필순: 十 ナ 朩 夾 麥 麥 麵 麵

酩
酉 부의 6획

훈음: 술취할 명

단어:
- 酩酊(명정): 만취. 몸을 가눌 수 없을 정도로 몹시 술에 취함.

필순: 冂 冂 西 酉 酌 酌 酩 酩

溟
水 부의 10획

훈음: 바다 명

단어:
- 溟洲(명주): 바다 한가운데 있는 섬.
- 北溟(북명): 북쪽에 있는 큰 바다.

필순: 丶 氵 氵 沪 汩 洹 溟

皿
皿 부의 0획

훈음: 그릇 명

단어:
- 器皿(기명): 살림살이에 쓰는 그릇붙이.
- 木皿(목명): 나무로 만든 그릇.

필순: 丨 冂 冂 皿 皿

暝	훈음	어두울 명
日 부의 10획	단어	暝暝(명명) : 어두운 모양. 쓸쓸한 모양. 闇暝(암명) : 어두워서 사람의 눈이 미치지 아니하는 곳.
	필순	冂 日 旷 旿 晍 暝 暝

螟	훈음	마디충 명
虫 부의 10획	단어	螟蟲(명충) : 마디충나방.
	필순	口 虫 𧈧 蚆 蜩 蝗 螟

袂	훈음	소매 몌
衣 부의 4획	단어	袂別(몌별) : 섭섭하게 작별함. 短袂(단몌) : 짧은 옷소매.
	필순	亠 礻 衤 衤 袀 袂

摸	훈음	찾을 모
手 부의 11획	단어	摸索(모색) : 해결할 수 있는 방법이나 실마리를 찾음. 摸倣(모방) : 본받음. 본뜸.
	필순	十 扌 扩 扩 挡 搢 摸

1급 배정한자

牡
牛 부의 3획

훈음 수컷 모
단어 牡瓦(모와) : 수키와. 엎어 이는 기와.
牡牛(모우) : 황소. 수소.
필순 ノ 十 牛 牡 牡

耗
耒 부의 4획

훈음 덜, 어지러울 모
단어 費耗(비모) : 써서 없앰.
耗亂(모란) : 어지러워 분명하지 않음.
필순 三 丰 耒 耒 耒 耗

歿
歹 부의 4획

훈음 죽을 몰
단어 戰歿(전몰) : 싸움터에서 싸우다가 죽음.
필순 一 ブ 歹 歺 歿 歿

描
手 부의 9획

훈음 그릴 묘
단어 描寫(묘사) : 어떤 대상이나 현상 등을 예술적으로 서술하거나 그림을 그려서 표현.
필순 十 扌 扩 扩 拮 描 描

猫
犬 부의 9획

- **훈음**: 고양이 묘
- **단어**:
  - 猫頭(묘두) : 고양이의 대가리.
  - 猫睛(묘정) : 고양이 눈동자, 즉 때에 따라 변한다는 뜻.
- **필순**: 丿 犭 犭 犲 犳 猫 猫

杳
木 부의 4획

- **훈음**: 아득할 묘
- **단어**:
  - 杳冥(묘명) : 아득하고 어두움.
  - 杳然(묘연) : 그윽하고 멀어서 눈에 아물아물함.
- **필순**: 一 十 木 杏 杏 杳

渺
水 부의 9획

- **훈음**: 아득할 묘
- **단어**:
  - 渺茫(묘망) : 멀고 넓어 까마득함.
  - 渺然(묘연) : 넓고 멀어서 아득함.
- **필순**: 丶 氵 汈 汨 渵 渺 渺

畝
田 부의 5획

- **훈음**: 밭이랑 묘,무
- **단어**:
  - 田畝(전묘) : 밭이랑.
- **필순**: 丶 亠 亩 亩 畆 畝

母

母 부의 0획

- 훈음: 말 무
- 단어:
  - 母慮(무려) : 예상보다 많음을 나타내는 말.
  - 母論(무론) : 말할 것도 없음.
- 필순: ㄴ ㄅ 母 母

巫

工 부의 4획

- 훈음: 무당 무
- 단어:
  - 巫覡(무격) : 무당과 박수를 아울러 이르는 말.
  - 巫堂(무당) : 굿을 하고 점을 치는 여자.
- 필순: 一 丅 丆 巫 巫

憮

心 부의 12획

- 훈음: 어루만질 무
- 단어:
  - 憮傲(무오) : 경멸하며 거만함.
  - 懷憮(회무) : 잘 어루 만져서 안심시킴.
- 필순: 丶 忄 忄 忄 忓 憮 憮 憮

拇

手 부의 5획

- 훈음: 엄지손가락 무
- 단어:
  - 拇印(무인) : 손도장.
  - 拇指(무지) : 엄지손가락.
- 필순: 亅 扌 扒 扔 拇 拇 拇

撫
手부의 12획

훈음 어루만질 무

단어
撫摩(무마) : 마음을 달래어 위로함.
愛撫(애무) : 사랑하여 어루만짐.

필순 亅 扌 扩 拚 撫 撫 撫 撫

蕪
艸부의 12획

훈음 거칠 무

단어
繁蕪(번무) : 번거롭고 어수선함.
荒蕪地(황무지) : 제멋대로 버려둔 땅.

필순 亠 艹 艹 芒 蓝 蕪 蕪 蕪

誣
言부의 7획

훈음 무고할 무

단어
誣告(무고) : 없는 것을 있는 것처럼 꾸며 고발함.
讒誣(참무) : 없는 말을 지어내어 남을 헐뜯음.

필순 亠 言 言 訂 訶 誣 誣

蚊
虫부의 4획

훈음 모기 문

단어
蚊帳(문장) : 모기장.
見蚊拔劍(견문발검) : 시시한 일에 화를 낸다는 말.

필순 口 中 虫 虹 虭 蚊

1급 배정한자

媚
女부의 9획

훈음: 예쁠, 아첨할 미

단어:
軟媚(연미) : 부드럽고 예쁨.
媚態(미태) : 아첨하는 태도. 아양떠는 태도.

필순: 女 女 女¯ 妒 妒 媚 媚 媚

薇
艸부의 13획

훈음: 고비, 장미 미

단어:
採薇(채미) : 고비를 뜯음.
薔薇(장미) : 장미꽃.

필순: 艹 艹 茾 苃 荺 薇 薇 薇

靡
非부의 11획

훈음: 쓰러질, 쏠릴 미

단어:
靡費(미비) : 남김없이 다 써버림.
風靡(풍미) : 어떤 흐름이 널리 사회를 휩쓺.

필순: 广 广 庁 麻 麻 靡 靡 靡

悶
心부의 8획

훈음: 번민할 민

단어:
悶歎(민탄) : 고민하고 탄식함.
苦悶(고민) : 괴로워서 속을 태움.

필순: 丨 𠃌 尸 門 門 悶 悶

謐
言 부의 10획

- 훈음: 고요할 밀
- 단어: 謐然(밀연) : 고요한 모양.
  靜謐(정밀) : 고요하고 편안함.
- 필순: 言 言 言 訟 諡 諡 謐 謐

剝
刀 부의 8획

- 훈음: 벗길 박
- 단어: 剝製(박제) : 동물의 가죽을 벗기고 썩지 않도록 하여 살아 있을 때와 같은 모양으로 만듦.
- 필순: 彑 彔 彔 彔 彔 剝 剝

搏
手 부의 10획

- 훈음: 칠 박
- 단어: 搏殺(박살) : 손으로 쳐서 죽임.
  脈搏(맥박) : 심장이 혈액을 내보낼 때 동맥이 뛰는 것.
- 필순: 扌 扩 捛 捕 捕 搏 搏

撲
手 부의 12획

- 훈음: 두드릴 박
- 단어: 撲殺(박살) : 두드려서 죽임.
  撲滅(박멸) : 두려워서 아주 없애버림.
- 필순: 扌 扌 扩 扩 挫 撲 撲 撲

1급 배정한자

樸
木 부의 12획

훈음 순박할, 통나무 박
단어
純樸(순박): 허영과 거짓이 없이 순진하고 소박함.
質樸(질박): 꾸밈새 없이 수수함.
필순 十 才 木" 栏 樸 樸 樸

珀
玉 부의 5획

훈음 호박 박
단어
琥珀(호박): 지질 시대 나무의 진 따위가 땅속에 묻혀서 탄소, 수소, 산소 따위와 화합하여 굳어진 누런색 광물.
필순 丁 王 珀 珀 珀 珀

箔
竹 부의 8획

훈음 발 박
단어
金箔(금박): 금을 얇은 종이 조각같이 늘인 조각.
簾箔(염박): 창문에 치는 발.
필순 𠂉 𥫗 筀 筀 筀 筀 箔 箔

粕
米 부의 5획

훈음 지게미 박
단어
大豆粕(대두박): 콩깻묵.
糟粕(조박): 술을 걸러 내고 남은 찌끼.
필순 丷 半 米 籵 粕 粕

縛	훈음	묶을 박
糸부의 10획	단어	結縛(결박) : 두 손을 뒤 혹은 앞으로 묶음. 捕縛(포박) : 잡아서 묶음.
	필순	乡 纟 糸 紡 紳 紳 縛 縛

縛

膊	훈음	어깨 박
肉부의 10획	단어	臂膊(비박) : 팔과 어깨를 아울러 이르는 말.
	필순	丿 月 胛 胛 膊 膊 膊 膊

膊

駁	훈음	얼룩말, 논박할 박
馬부의 4획	단어	駁馬(박마) : 얼룩말. 攻駁(공박) : 남의 잘못을 몹시 따지고 공격함.
	필순	丨 丆 馬 馬 馬 馬 駁 駁

駁

拌	훈음	가를 반
手부의 5획	단어	攪拌(교반) : 휘저어 섞음.
	필순	一 十 扌 扌 扌 拌

拌

1급 배정한자

攀
手부의 15획

훈음 휘어잡을 반
단어 登攀(등반) : 높은 곳에 오름.

필순 木 才 朴 林 樊 攀 攀 攀

斑
文부의 8획

훈음 아롱질, 얼룩 반
단어 斑爛(반란) : 여러 빛깔이 섞여서 아름답게 빛남.
斑點(반점) : 얼룩진 점. 얼룩.

필순 丁 王 玗 玬 玟 斑 斑

蟠
虫부의 12획

훈음 서릴 반
단어 蟠居(반거) : 서리어 있음. 땅을 차지하고 세력을 떨침.
蟠桃(반도) : 삼천 년만에 열린다는 선경에 있는 복숭아.

필순 口 虫 虯 蚲 蛬 蟜 蟠 蟠

礬
石부의 15획

훈음 백반 반
단어 白礬(백반) : 명반을 구워서 만든 덩이.

필순 木 才 朴 棥 樊 樊 樊 礬

畔
田부의 5획

훈음: 물가,두둑 반

단어:
湖畔(호반) : 호숫가.
畔路(반로) : 밭 사이의 작은 길.

필순: 冂 田 田 町 町` 畔

絆
糸부의 5획

훈음: 얽어맬,줄 반

단어:
脚絆(각반) : 여행할 때 다리에 감는 행전의 한 가지.
羈絆(기반) : 굴레를 씌움.

필순: 幺 幺 糸 糸′ 糸二 絆

頒
頁부의 4획

훈음: 나눌,반포할 반

단어:
頒白(반백) : 희끗희끗 센 머리털.
頒布(반포) : 두루 알리기 위하여 널리 펴서 퍼뜨림.

필순: 八 分 分′ 分㇒ 頒 頒 頒

槃
木부의 10획

훈음: 소반,즐길 반

단어:
槃盂(반우) : 소반과 바리때.
涅槃(열반) : 모든 번뇌의 얽매임에서 벗어난 경지.

필순: 丿 ナ 月 舟 舟′ 般 般 槃

1급 배정한자

勃
力부의 7획

훈음 발끈할 발

단어
勃起(발기) : 별안간 불끈 일어남.
勃然(발연) : 발끈 성내는 모양.

필순 十 亠 孛 孛 孛 勃 勃

潑
水부의 12획

훈음 활발할 발

단어
潑剌(발랄) : 활발하게 약동하는 모양.
活潑(활발) : 생기 있고 힘참.

필순 氵 氵 汃 汱 汱 潑 潑 潑

撥
手부의 12획

훈음 다스릴 발

단어
撥悶(발민) : 고민을 없앰.
反撥(반발) : 어떤 상태나 행동 따위에 대하여 반항함.

필순 扌 扌 扒 扒 扒 撥 撥 撥

跋
足부의 5획

훈음 밟을 발

단어
跋文(발문) : 책 끝에 관계된 사항을 적는 글.
跋扈(발호) : 제 멋대로 날뜀.

필순 口 무 뭄 足一 趴 趴 跋 跋

醱
酉부의 12획

훈음: 술괼 발

단어: 醱酵(발효) : 효모나 세균 따위의 미생물이 유기 화합물을 분해하는 작용.

필순: 冂 丙 酉 酊 酘 酦 醱 醱

魃
鬼부의 5획

훈음: 가물귀신 발

단어: 旱魃(한발) : 오랫동안 비가 내리지 않아 메마른 날씨.

필순: 宀 白 由 鬼 鬼 鬼 魃 魃

坊
土부의 4획

훈음: 동네 방

단어: 坊民(방민) : 그 구역 안에서 살던 백성.
坊長(방장) : 구역의 우두머리.

필순: 一 十 圡 圢 坊 坊

尨
尢부의 4획

훈음: 클, 삽살개 방

단어: 尨大(방대) : 형상이나 부피가 매우 큼.
尨犬(방견) : 삽살개.

필순: 一 广 尢 尢 尨 尨

幫
巾부의 14획

훈음: 도울 방

단어:
幫助(방조) : 거들어 도와줌.
四人幫(사인방) : 네 사람이 서로 도움.

필순: 十 圭 圭 圭一 封 封 幫 幫

彷
彳부의 4획

훈음: 거닐, 비슷할 방

단어:
彷徨(방황) : 마음을 정하지 못하여 이리저리 거닒.
彷彿(방불) : 거의 비슷함.

필순: ノ 彳 彳 彷 彷

枋
木부의 4획

훈음: 박달나무 방, 자루 병

단어: 枋國(병국) : 권세를 잡았다는 뜻으로, 재상이 됐다는 뜻.

필순: 十 木 朾 朾 枋

榜
木부의 10획

훈음: 방붙일 방

단어:
榜文(방문) : 여러 사람에게 알리려고 써 붙이는 글.
金榜(금방) : 과거에 급제한 사람의 이름을 게시하는 방.

필순: 十 木 朴 栉 栲 榜 榜

昉
日부의 4획

- **훈음**: 밝을 방
- **단어**: 밝다, 비롯하다, 미치다의 뜻으로 쓰임.
- **필순**: 冂 日 日⁻ 昉 昉

肪
肉부의 4획

- **훈음**: 기름 방
- **단어**: 脂肪(지방) : 굳기름. 동물이나 식물에 들어 있는 성분.
- **필순**: 刀 月 月⁻ 肪 肪

膀
肉부의 10획

- **훈음**: 오줌통 방
- **단어**: 膀胱(방광) : 척추동물의 신장에서 흘러나오는 오줌을 저장하였다가 요도를 통하여 배출시키는 기관.
- **필순**: 刀 月 月⁻ 月⁻ 胪 腋 膀 膀

謗
言부의 10획

- **훈음**: 헐뜯을 방
- **단어**: 誹謗(비방) : 남을 헐뜯거나 비웃어서 욕함.
  毁謗(훼방) : 남을 헐뜯어 나무람.
- **필순**: 亠 言 言 訁 訁 謗 謗 謗

1급 배정한자

徘
彳부의 8획

훈음: 노닐 배
단어: 徘徊(배회) : 목적 없이 이리저리 거니는 것.
필순: ノ 彳 彳 彳 彳 徘 徘 徘

湃
水부의 9획

훈음: 물결칠 배
단어: 澎湃(팽배) : 큰 물결이 맞부딪쳐 솟구침.
필순: 丶 氵 浐 浐 浐 浐 湃

胚
肉부의 5획

훈음: 아이밸 배
단어: 胚子(배자) : 동물이 수정이 돼서 새끼가 될 때까지를 말함.
胚胎(배태) : 아이나 새끼를 뱀.
필순: 几 月 肑 肑 胚 胚

陪
阜부의 8획

훈음: 도울, 모실 배
단어: 陪審(배심) : 배심원이 심리나 기소에 참가하는 일.
後陪(후배) : 벼슬아치가 출입할 때 따라 다니는 하인.
필순: 阝 阝 阝 阰 陪 陪

帛
巾부의 5획

훈음: 비단 백

단어:
帛書(백서) : 비단에 쓴 글씨.
絹帛(견백) : 비단.

필순: 丿 冖 白 帠 帛

魄
鬼부의 5획

훈음: 넋 백

단어:
氣魄(기백) : 씩씩하고 굳센 기상과 진취적인 정신.
魂魄(혼백) : 넋.

필순: 白 白 白' 白勺 帠 魄 魄

蕃
艸부의 12획

훈음: 우거질, 오랑캐 번

단어:
蕃茂(번무) : 초목이 우거짐.
土蕃(토번) : 미개한 곳에서 붙박이로 사는 야만인.

필순: 亠 艹 艾 苂 茎 莑 蕃 蕃

藩
艸부의 15획

훈음: 울타리 번

단어:
藩籬(번리) : 울타리.
屛藩(병번) : 사방에서 방비하는 군대.

필순: 亠 艹 艹 艹 萍 藻 藩 藩

1급 배정한자

帆
巾부의 3획

훈음 돛 범
단어 帆船(범선) : 돛을 단 배.
필순 ㅣ 冂 巾 帆 帆 帆

梵
木부의 7획

훈음 불경 범
단어 梵語(범어) : 고대 인도의 언어.
曉梵(효범) : 아침의 경 읽는 소리.
필순 十 木 朴 林 梵 梵

氾
水부의 2획

훈음 넘칠 범
단어 氾濫(범람) : 큰물이 넘쳐 흐름.
氾論(범론) : 넓은 범위에 걸쳐서 설명한 이론.
필순 丶 丶 氵 氾 氾

泛
水부의 5획

훈음 뜰 범
단어 泛讀(범독) : 데면데면하게 읽음.
泛舟(범주) : 배를 띄움.
필순 丶 丶 氵 氵 汓 汓 泛

劈
刀부의 13획

훈음: 쪼갤 벽

단어:
- 劈頭(벽두) : 맨 처음 또는 일이 시작된 머리.
- 劈開(벽개) : 결을 따라 쪼갬.

필순: 尸 吊 居 居 居 辟 劈 劈

擘
手부의 13획

훈음: 엄지손가락 벽

단어:
- 擘指(벽지) : 엄지손가락.
- 巨擘(거벽) : 학식이 뛰어난 사람.

필순: 尸 吊 居 居 居 辟 壁 擘

璧
玉부의 13획

훈음: 둥근옥 벽

단어:
- 連璧(연벽) : 한 쌍의 옥.
- 完璧(완벽) : 흠이 없는 구슬. 결점이 없이 훌륭함.

필순: 尸 吊 居 居 居 辟 壁 璧

癖
疒부의 13획

훈음: 버릇 벽

단어:
- 怪癖(괴벽) : 괴이한 버릇.
- 性癖(성벽) : 심신에 밴 습관.

필순: 亠 广 疒 疒 疒 疕 痞 癖

1급 배정한자

闢
門부의 13획

- **훈음**: 열 벽
- **단어**: 開闢(개벽) : 세상이 처음으로 생겨 열림.
- **필순**: 丨 丨 門 門 門 閂 闢 闢

瞥
目부의 12획

- **훈음**: 슬쩍볼 별
- **단어**:
  - 瞥見(별견) : 언뜻 스쳐서 봄.
  - 瞥眼間(별안간) : 갑자기. 난데없이.
- **필순**: 丶 亠 市 帯 敝 敝 瞥 瞥

鼈
魚부의 12획

- **훈음**: 자라 별
- **단어**:
  - 鱉과 同字.
  - 魚鼈(어별) : 물고기와 자라.
- **필순**: 亠 市 敝 敝 敝 鼈 鼈 鼈

瓶
瓦부의 8획

- **훈음**: 병 병
- **단어**:
  - 藥瓶(약병) : 약을 담는 병.
  - 花瓶(화병) : 꽃을 꽂는 병.
- **필순**: 丶 干 扌 并 瓶 瓶 瓶

餅 식부의 8획	**훈음** 떡 병
	단어 麥餅(맥병) : 보리떡. 畫中之餅(화중지병) : 그림의 떡.
	필순 〈 冇 亀 冇 飣 飣 餅 餅

堡 토부의 9획	**훈음** 작은성 보
	단어 堡壘(보루) : 적을 막기 위해 구축한 진지. 튼튼한 발판.
	필순 亻 亻 仴 伲 保 保 堡 堡

洑 수부의 6획	**훈음** 보, 스며흐를 복
	단어 洑稅(보세) : 봇물을 이용하는 대가로 내는 돈이나 곡식. 洑流(복류) : 물결이 빙빙 돌거나 숨어 흐름.
	필순 丶 氵 氵 泮 泮 洑 洑

菩 초부의 8획	**훈음** 보살 보
	단어 菩提(보제) : 불교의 진리를 깨달음. 菩薩(보살) : 불교에서 부처의 다음가는 성인.
	필순 艹 艹 莁 苙 苙 菩

1급 배정한자

僕
人부의 12획

훈음: 종 복

단어:
公僕(공복) : 국가의 심부름꾼이란 뜻으로, 공무원을 말함.
奴僕(노복) : 종.

필순: 亻 亻′ 亻″ 伴 伴 僕 僕 僕

匐
勹부의 9획

훈음: 기어갈 복

단어:
匐枝(복지) : 땅 위를 덩굴지어 기어가는 줄기.
匍匐(포복) : 배를 땅에 대고 김.

필순: 勹 勹 旬 匊 匐 匐

輻
車부의 9획

훈음: 바퀴살 복, 폭

단어:
輻射(복사) : 열이나 전자기파가 사방으로 방출됨.
輻輳(폭주) : 한 곳으로 많이 모여듦.

필순: 厂 万 百 車 車 軒 輻 輻

鰒
魚부의 9획

훈음: 전복 복

단어:
鰒魚(복어) : 참복과의 물고기를 통틀어 이르는 말.

필순: 夕 舟 甶 魚 魚′ 魚″ 魷 鰒

捧

手부의 8획

훈음 받들 봉
단어 捧納(봉납) : 물품 따위를 바침.
捧讀(봉독) : 받들어 공손히 읽음.
필순 亅 扌 扜 拝 拝 捧 捧

棒

木부의 8획

훈음 몽둥이 봉
단어 棍棒(곤봉) : 나무 방망이.
鐵棒(철봉) : 기계 체조에 쓰는 기구.
필순 一 木 杧 林 挟 棒 棒

烽

火부의 7획

훈음 봉화 봉
단어 烽臺(봉대) : 봉화를 올리던 둑.
烽樓(봉루) : 봉대. 봉화 둑.
필순 丶 火 炒 烊 烊 烽 烽

鋒

金부의 7획

훈음 칼끝, 선봉 봉
단어 銳鋒(예봉) : 예민한 칼끝. 날카로운 이론.
先鋒(선봉) : 맨 앞장을 서는 군대.
필순 𠂉 牟 金 釕 鉯 鋒 鋒 鋒

1급 배정한자

俯
人부의 8획

훈음: 구부릴 부

단어:
俯伏(부복) : 고개를 숙이고 엎드림.
俯仰(부앙) : 하늘을 우러러보고 세상을 굽어봄.

필순: 亻 亻 亻 俨 仿 俯 俯

剖
刀부의 8획

훈음: 쪼갤 부

단어:
剖決(부결) : 선악을 나누어 정함.
剖棺斬屍(부관참시) : 관을 쪼개고 시체의 목을 베던 극형.

필순: 亠 亠 产 咅 咅 剖 剖

咐
口부의 5획

훈음: 분부할 부

단어:
咐囑(부촉) : 부탁하여 맡김.
吩咐(분부) : 윗사람이 아랫사람에게 명령함. 또는 그 명령.

필순: 丨 口 口 叮 叮 咐 咐

埠
土부의 8획

훈음: 선창 부

단어:
埠頭(부두) : 배를 대어 사람과 짐이 뭍으로 오르내릴 수 있도록 만들어 놓은 곳.

필순: 十 土 圵 圹 坿 埠

孵

子부의 11획

훈음: 알깔 부

단어:
孵卵(부란) : 알을 까거나 알에서 깸.
孵化(부화) : 알이 새끼로 되는 현상.

필순: ⺁ ⻖ 卯 卵 卵 卵 孵 孵

斧

斤부의 4획

훈음: 도끼 부

단어:
斧柯(부가) : 도끼 자루. 정권을 비유하는 말.
斤斧(근부) : 큰 도끼.

필순: 丶 ⺁ 父 斧 斧 斧

腑

肉부의 8획

훈음: 육부 부

단어:
臟腑(장부) : 내장을 통틀어 말함.

필순: 丿 月 ⺼ 肬 肬 肬 腑 腑

芙

艸부의 4획

훈음: 연꽃 부

단어:
芙蓉(부용) : 연꽃.

필순: 艹 艹 芊 芙

1급 배정한자

訃
言부의 2획

훈음: 부고 부

단어:
訃告(부고) : 사람이 죽은 것을 알리는 통지.
通訃(통부) : 사람의 죽음을 알림.

필순: 亠 言 言 訃 訃

賻
貝부의 10획

훈음: 부의 부

단어:
賻儀(부의) : 상가에 부조로 보내는 돈이나 물품.
賻助(부조) : 상가에 물품을 보내어 도와줌.

필순: 冂 目 貝 貝 貯 賻 賻 賻

駙
馬부의 5획

훈음: 부마 부

단어:
駙馬(부마) : 임금의 사위.

필순: 丆 玨 馬 馬 馬 馿 駙 駙

吩
口부의 4획

훈음: 분부할 분

단어:
吩咐(분부) : 윗사람이 아랫사람에게 명령함. 또는 그 명령.

필순: 丨 冂 口 叭 吩 吩

噴
口부의 12획

훈음 뿜을 분

단어
噴出(분출) : 뿜어냄.
飯噴(반분) : 입에 들었던 밥을 뿜어 냄.

필순 口 口⁺ 吐 呼 啃 啃 噴 噴

忿
心부의 4획

훈음 성낼 분

단어
激忿(격분) : 분해서 몹시 격앙됨.
忿怒(분노) : 분하여 몹시 성냄.

필순 丿 八 分 分 忿 忿

扮
手부의 4획

훈음 꾸밀 분

단어
扮裝(분장) : 등장 인물의 성격 따위에 맞게 배우를 꾸밈. 몸을 치장함. 사실이 아닌 것을 사실처럼 꾸밈.

필순 一 十 扌 扌 扮 扮

焚
火부의 8획

훈음 불사를 분

단어
焚香(분향) : 향을 불에 태움.
焚火(분화) : 불을 사름.

필순 十 木 朴 林 棥 焚

1급 배정한자

盆
皿부의 4획

훈음 동이 분

단어
金盆(금분) : 금으로 만들거나 금빛이 나도록 칠한 화분.
花盆(화분) : 화초를 심어 가꾸는 분.

필순 八 分 父 盆 盆

糞
米부의 11획

훈음 똥 분

단어
糞尿(분뇨) : 똥과 오줌.
嘗糞(상분) : 지극한 효성.

필순 丷 丷 米 米 番 番 糞 糞

雰
雨부의 4획

훈음 안개 분

단어
雰雰(분분) : 눈이 날리는 모양.
雰虹(분홍) : 무지개.

필순 宀 雨 雨 雨 雰 雰 雰

彿
彳부의 5획

훈음 비슷할 불

단어
彷彿(방불) : 거의 비슷함.

필순 彳 彳 彳 彳 彿 彿

棚
木부의 8획

훈음: 시렁 붕

단어:
大陸棚(대륙붕) : 깊이 200미터까지의 얕은 바닷속.
山棚(산붕) : 민속놀이를 하기 위하여 마련한 임시 무대.

필순: 十 才 杊 枂 棚 棚

硼
石부의 8획

훈음: 붕산 붕

단어:
硼酸(붕산) : 무색무취에 광택이 나는 결정체.
硼素(붕소) : 비금속 원소의 하나.

필순: 丆 石 砌 硎 硼 硼

繃
糸부의 11획

훈음: 묶을 붕

단어:
繃帶(붕대) : 상처나 부스럼 등에 감는 소독한 헝겊.

필순: 纟 幺 糸 紃 紃 綳 繃 繃

憊
心부의 12획

훈음: 고달플 비

단어:
憊色(비색) : 고달픈 안색.
疲憊(피비) : 피로하고 쇠약함.

필순: 亻 伂 伊 佛 倄 備 憊 憊

1급 배정한자

扉
戶부의 8획

훈음: 사립문 비

단어:
柴扉(시비) : 사립문.
竹扉(죽비) : 대를 엮어서 만든 사립문.

필순: 亠 戶 戶 戶 戶 扉 扉 扉

妣
女부의 4획

훈음: 죽은어미 비

단어: 先妣(선비) : 돌아가신 어머니.

필순: ㄑ 夂 女 女 妣 妣 妣

匕
匕부의 0획

훈음: 비수, 숟가락 비

단어:
匕首(비수) : 날이 예리하고 짧은 칼.
匕箸(비저) : 숟가락과 젓가락.

필순: ノ 匕

庇
广부의 4획

훈음: 덮을 비

단어:
庇護(비호) : 감싸서 보호함.
賴庇(뇌비) : 믿고 의지함.

필순: 亠 广 广 庀 庇 庇

沸
水부의 5획

훈음: 끓을 비, 용솟음칠 불

단어:
沸騰(비등): 끓어 오름.
沸波(불파): 수릿과의 새 중에서 물수리를 뜻하는 말.

필순: ⺀ ⺀ 沪 沪 沸 沸

琵
玉부의 8획

훈음: 비파 비

단어: 琵琶(비파): 현악기의 한 가지.

필순: 丁 王 玌 玨 玨 琵 琵 琵

痺
疒부의 8획

훈음: 저릴 비

단어:
風痺(풍비): 몸이 쑤시고 마비가 오는 증세.
麻痺(마비): 신경이나 근육이 굳어짐.

필순: 亠 广 疒 疒 疔 疸 痹 痺

砒
石부의 4획

훈음: 비상 비

단어: 砒霜(비상): 비석에 열을 가하여 승화시켜 얻은 결정체로 무서운 독이 있음.

필순: 丆 石 石 砒 砒 砒

1급 배정한자

秕

훈음: 쭉정이 비

단어:
秕糠(비강) : 쭉정이와 겨.
秕政(비정) : 백성을 괴롭히고 나라를 잘못되게 하는 정치.

禾부의 4획

필순: 二 千 禾 禾 秕 秕 秕

緋

훈음: 붉은빛 비

단어:
緋緞(비단) : 명주실로 짠 광택이 나는 피륙.
緋玉(비옥) : 붉은 옥에 옥관자의 뜻으로, 당상관을 말함.

糸부의 8획

필순: 幺 幺 糸 糺 糽 絆 緋 緋

脾

훈음: 지라 비

단어:
脾胃(비위) : 지라와 위를 통틀어 이르는 말. 사물에 대해 좋고 나쁨을 느끼는 기분.

肉부의 8획

필순: 月 月 凢 胪 胪 脾 脾 脾

臂

훈음: 팔 비

단어:
臂力(비력) : 팔의 힘.
肩臂(견비) : 어깨와 팔.

肉부의 13획

필순: 尸 君 启 启 辟 臂 臂

蜚
虫부의 8획

- **훈음**: 바퀴, 날 비
- **단어**: 飛와 같은 뜻으로도 쓰임.
  蜚語(비어) : 터무니없이 떠도는 말.
- **필순**: ノ ヨ キ 非 晝 晝 蜚

裨
衣부의 8획

- **훈음**: 도울 비
- **단어**: 裨將(비장) : 조선 시대에 사신의 일을 돕던 무관 벼슬.
  裨益(비익) : 보태어 도움. 유익함.
- **필순**: ラ ネ ネ 衤 衵 衵 裨 裨

誹
言부의 8획

- **훈음**: 헐뜯을 비
- **단어**: 誹謗(비방) : 남을 헐뜯어 욕함.
  腹誹(복비) : 마음 속으로 꾸짖음.
- **필순**: 一 = 言 訓 訓 訓 誹

翡
羽부의 8획

- **훈음**: 비취옥, 물총새 비
- **단어**: 翡玉(비옥) : 붉은 점이 있는 비취옥.
  翡翠(비취) : 물총새. 쇠새. 짙은 푸른색의 윤이 나는 구슬.
- **필순**: ノ ヨ キ 非 非 非 翡 翡

1급 배정한자

譬
언부의 13획

훈음 비유할 비

단어 譬喻(비유) : 사물의 설명 시 비슷한 다른 성질의 현상, 사물을 끌어 대어 설명함.

필순 尸 居 居² 居³ 辟 辟 譬 譬

鄙
읍부의 11획

훈음 더러울 비

단어 鄙見(비견) : 자기의 의견을 겸손하게 일컬어 하는 말.
都鄙(도비) : 서울과 시골.

필순 口 모 呂 呂 啚 啚ᵌ 鄙

嚬
구부의 16획

훈음 찡그릴 빈

단어 嚬笑(빈소) : 찡그림과 웃음의 뜻으로, 슬픔과 기쁨을 말함.
嚬蹙(빈축) : 불쾌하여 얼굴을 찡그림.

필순 口 叶 咋 哕 哕² 嚬 嚬 嚬

嬪
여부의 14획

훈음 궁녀,아내 빈

단어 妃嬪(비빈) : 비와 빈을 아울러 이르는 말.
嬪儷(빈려) : 부부.

필순 女 女 女广 女宀 妒 嫁 嬪 嬪

殯
歹부의 14획

훈음: 빈소 빈

단어:
殯所(빈소) : 출상 때까지 관을 놓아 두는 곳.
草殯(초빈) : 관을 놓고 눈 비를 가리게 하는 일.

필순: 一 歹 歹 歹 殯 殯 殯 殯

濱
水부의 14획

훈음: 물가,다가올 빈

단어:
水濱(수빈) : 바다, 강 따위와 같이 물 있는 곳의 가장자리.
濱死(빈사) : 거의 죽게 됨.

필순: 丶 氵 汀 汀 沱 渡 濱 濱

瀕
水부의 16획

훈음: 물가 빈

단어:
濱과 같은 뜻으로 쓰임.
瀕海(빈해) : 바닷가.

필순: 氵 汁 汼 涉 涉 涉 瀕 瀕

憑
心부의 12획

훈음: 기댈 빙

단어:
憑藉(빙자) : 다른 일을 내세워 핑계함.
證憑(증빙) : 증거.

필순: 冫 冫 冯 冯 馮 馮 憑 憑

蓑
艸부의 10획

훈음 도롱이 사

단어
蓑笠(사립) : 도롱이와 삿갓.
蓑衣(사의) : 짚, 띠 따위로 엮어 두르는 비옷.

필순 一 艹 艹 苎 莁 萋 萎 蓑

些
二부의 5획

훈음 적을 사

단어 些少(사소) : 하잘 것 없이 작고 적음.

필순 丨 止 止 此 此 些

嗣
口부의 10획

훈음 이을 사

단어
繼嗣(계사) : 양자로 대를 잇게 함.
後嗣(후사) : 대를 이을 자식.

필순 口 吕 吊 冊 冊 嗣 嗣

奢
大부의 9획

훈음 사치할 사

단어
奢侈(사치) : 지나치게 치장함. 필요 이상으로 소비를 함.
驕奢(교사) : 교만하고 사치함.

필순 一 六 夲 夅 奓 奢 奢

娑

女부의 7획

- **훈음**: 춤출 사
- **단어**: 娑婆(사바) : 괴로움이 많은 중생이 사는 세계.
- **필순**: 丶 氵 汀 沙 沙 沙 娑 娑

徙

彳부의 8획

- **훈음**: 옮길 사
- **단어**: 移徙(이사) : 집을 옮김.
  遷徙(천사) : 움직여서 옮김.
- **필순**: 丿 彳 彳 徙 徙 徙

瀉

水부의 15획

- **훈음**: 쏟을 사
- **단어**: 瀉藥(사약) : 설사가 나게 하는 약.
  泄瀉(설사) : 배탈이 났을 때 자주 묽은 똥을 쌈. 또 그 똥.
- **필순**: 氵 汧 沪 湾 湾 瀉 瀉 瀉

獅

犬부의 10획

- **훈음**: 사자 사
- **단어**: 獅子吼(사자후) : 사자의 울부짖음. 힘 있게 잘하는 연설.
  獅孫(사손) : 외손으로서, 딸이 낳은 자식을 뜻함.
- **필순**: 丿 犭 犭 狆 狆 狆 獅 獅

1급 배정한자

祠
示부의 5획

훈음: 사당 사

단어:
- 祠堂(사당) : 조상의 신주를 모셔 놓은 집.
- 神祠(신사) : 신령을 모신 사당.

필순: 二 〒 示 礻 和 祠 祠

紗
糸부의 4획

훈음: 깁 사

단어:
- 紗帽(사모) : 깁으로 만든 모자.
- 羅紗(나사) : 양털, 무명, 명주, 견사 따위를 섞어 짠 모직물.

필순: 幺 糸 糸 糹 紗 紗

麝
鹿부의 10획

훈음: 사향노루 사

단어:
- 麝香(사향) : 사향노루의 사향샘을 건조하여 얻는 향료.

필순: 广 戸 庐 鹿 鹿 麃 麇 麝

刪
刀부의 5획

훈음: 깎을 산

단어:
- 刪補(산보) : 삭제해 버리고 모자라는 것을 보충함.
- 刪削(산삭) : 필요 없는 글자나 글귀를 지워 버림.

필순: 丨 冂 冊 冊 刪 刪

珊
玉부의 5획

- **훈음**: 산호 산
- **단어**:
  - 珊瑚(산호) : 자포동물 산호충강의 산호류를 통틀어 말함.
  - 珊瑚礁(산호초) : 산호충의 시체로 이뤄진 바위.
- **필순**: 丁 王 刊 刊 珊 珊

疝
疒부의 3획

- **훈음**: 배앓이 산
- **단어**:
  - 疝症(산증) : 생식기와 고환이 붓고 아픈 병증.
  - 疝痛(산통) : 심한 발작성의 간헐적 복통.
- **필순**: 亠 广 疒 疒 疝 疝

撒
手부의 12획

- **훈음**: 뿌릴 살
- **단어**:
  - 撒水(살수) : 물을 뿌림.
  - 撒布(살포) : 흩어서 뿌림.
- **필순**: 扌 扌 扩 扩 措 措 撒 撒

煞
火부의 9획

- **훈음**: 죽일 살
- **단어**:
  - 劫煞(겁살) : 점술가가 말하는 삼살의 하나.
  - 凶煞(흉살) : 불길한 운수. 흉한 귀신.
- **필순**: 夕 乡 乡 乡 乡 煞 煞

1급 배정한자

薩
艸부의 14획

- **훈음**: 보살 살
- **단어**: 菩薩(보살) : 위로 보리를 구하고 아래로 중생의 제도를 일삼는 부처의 다음가는 성인. 불교를 믿는 늙은 여자.
- **필순**: 一 艹 𦬇 萨 萨 萨 薩 薩

滲
水부의 11획

- **훈음**: 물스밀 삼
- **단어**: 滲水(삼수) : 물이 스며 듦.
  滲透(삼투) : 스미어서 배어 들어감.
- **필순**: 丶 氵 氵 汙 氿 㴃 滲 滲

澁
水부의 12획

- **훈음**: 떫을, 껄끄러울 삽
- **단어**: 澁味(삽미) : 떫은 맛.
  乾澁(건삽) : 건조하여 윤택이 없음.
- **필순**: 丶 氵 汁 泍 泍 澁 澁 澁

孀
女부의 17획

- **훈음**: 홀어미 상
- **단어**: 孀婦(상부) : 남편이 죽어서 혼자 사는 젊은 여자. 과부.
  靑孀(청상) : 젊은 과부.
- **필순**: 女 女 女⁻ 女⁻ 嬪 嬪 孀 孀

爽	훈음	시원할 상
爻부의 7획	단어	爽快(상쾌) : 시원하고 거뜬함. 靈爽(영상) : 정신이 상쾌함.
	필순	一 大 丈 爻 爽 爽

翔	훈음	날 상
羽부의 6획	단어	翔空(상공) : 하늘을 날아다님. 飛翔(비상) : 날아다님.
	필순	゛ 兰 羊 判 羿 翔 翔

觴	훈음	술잔 상
角부의 11획	단어	濫觴(남상) : 술잔을 띄울 만한 물줄기의 뜻, 맨 처음을 말함. 玉觴(옥상) : 아름다운 술잔.
	필순	ク 角 角 觔 舺 觴 觴 觴

璽	훈음	도장 새
玉부의 14획	단어	國璽(국새) : 국가의 표지로서 사용하는 관인. 玉璽(옥새) : 임금의 도장.
	필순	⺈ 币 兩 爾 爾 爾 璽

1급 배정한자

嗇
口부의 10획

훈음: 아낄 색

단어:
嗇夫(색부) : 낮은 벼슬아치. 농부.
吝嗇(인색) : 재물을 몹시 다랍게 아낌.

필순: 一 𠂉 来 㐍 㘥 嗇 嗇

牲
牛부의 5획

훈음: 희생 생

단어:
牲犢(생독) : 희생으로 쓰는 송아지.
犧牲(희생) : 타인이나 어떤 목적을 위해 자신의 것을 버림.

필순: 丿 十 牛 牛 牪 牲 牲

甥
生부의 7획

훈음: 생질, 사위 생

단어:
甥姪(생질) : 누이의 자식.
外甥(외생) : 사위가 장인에게 자기를 이르는 말.

필순: 丿 牛 生𠂊 𤯓 甥 甥

嶼
山부의 14획

훈음: 섬 서

단어:
島嶼(도서) : 바다에 있는 크고 작은 여러 섬을 통틀어 이르는 말.

필순: 丨 山 屵 峏 峏 嶼 嶼

抒
手부의 4획

훈음 펼 서

단어
抒情(서정) : 자기의 정서를 그려 냄.
抒情詩(서정시) : 마음의 정서를 나타낸 시.

필순 一 亅 扌 扌 抒 抒

曙
日부의 14획

훈음 새벽 서

단어 曙光(서광) : 새벽에 동이 틀 무렵의 빛. 좋은 일이 생기려는 조짐.

필순 冂 日 日˚ 日⵿ 日⵿ 暏 暏 曙

棲
木부의 8획

훈음 깃들일 서

단어
棲息(서식) : 삶. 생존함.
兩棲(양서) : 물속과 땅의 양쪽에서 삶.

필순 十 木 杧 栖 栖 栖 棲 棲

犀
牛부의 8획

훈음 무소 서

단어
犀角(서각) : 코뿔소의 뿔을 한방에서 이르는 말.
犀牛(서우) : 코뿔소.

필순 ⼁ 尸 尸 屌 屖 屖 屖 犀

1급 배정한자

胥

月부의 5획

훈음 서로, 얕은벼슬 서

단어
胥失(서실) : 서로 잘못함.
胥吏(서리) : 관아에 속하여 말단 행정에 종사하던 구실아치.

필순 一 フ 疋 胥 胥

壻

土부의 9획

훈음 사위 서

단어
婿와 同字임.
壻郞(서랑) : 남의 사위에 대한 존칭.

필순 十 土 土 圹 圻 壻 壻

薯

艹부의 14획

훈음 마 서

단어
甘薯(감서) : 고구마.

필순 十 艹 艹 茜 萆 萋 薯 薯

黍

黍부의 0획

훈음 기장 서

단어
黍粟(서속) : 기장과 조.
黑黍(흑서) : 옻기장.

필순 二 千 禾 黍 黍 黍 黍

鼠

鼠부의 0획

훈음: 쥐 서

단어:
鼠盜(서도) : 좀도둑.
狗鼠(구서) : 개와 쥐를 아울러 이르는 말.

필순: F FT FT FT 鼠 鼠 鼠

潟

水부의 12획

훈음: 개펄 석

단어:
干潟地(간석지) : 바닷물이 드나드는 개펄..

필순: 冫 冫 冫 冫 冫 潟 潟 潟

扇

戶부의 6획

훈음: 부채 선

단어:
扇風器(선풍기) : 전기의 힘으로 바람을 일으키는 기구.
羅扇(나선) : 비단으로 만든 부채.

필순: 丶 冫 戶 戶 戶 扇 扇

煽

火부의 10획

훈음: 부추길 선

단어:
煽動(선동) : 여러 사람을 부추기어 일정한 행동을 일으킴.
煽情(선정) : 정욕을 북돋우어 일으킴.

필순: 丶 火 火 炉 炉 煽 煽 煽

1급 배정한자

羨
羊부의 7획

훈음: 부러워할 선
단어:
羨望(선망) : 부러워하여 바람.
羨餘(선여) : 나머지.
필순: ⺷ ⺷ 羊 羊 羊 羨 羨

腺
肉부의 9획

훈음: 샘 선
단어:
腺毛(선모) : 곤충이나 식물의 몸 겉쪽에 있는 털.
汗腺(한선) : 땀을 만들어 몸 밖으로 내보내는 외분비선, 땀샘.
필순: 刀 月 刖 胪 胪 腺 腺 腺

膳
肉부의 12획

훈음: 선물,음식 선
단어:
膳物(선물) : 선사하는 물건.
珍膳(진선) : 진기하고 맛좋은 음식.
필순: 刀 月 月 胖 胖 膳 膳 膳

銑
金부의 6획

훈음: 무쇠 선
단어:
銑鐵(선철) : 1.7% 이상의 탄소를 함유하는 철의 합금. 무쇠.
필순: 𠂉 牟 金 金 銑 銑

屑
尸부의 7획

훈음 부스러기 설
단어 屑紙(설지) : 부스러기 종이.
烦屑(번설) : 번거롭고도 아주 귀찮음.
필순 ㇇ 尸 尸 屍 屑 屑

洩
水부의 6획

훈음 샐 설
단어 漏洩(누설) : 비밀이 새어나감.
필순 丶 氵 氵 汩 汩 洩 洩

泄
水부의 5획

훈음 샐 설
단어 泄瀉(설사) : 물똥을 눔. 또는 그 똥
漏泄(누설) : 밖으로 새어 나감, 또는 그렇게 함.
필순 丶 氵 氵 汁 泄 泄

渫
水부의 9획

훈음 칠,파낼 설
단어 浚渫(준설) : 개울·못·강이나 바다 따위의 밑바닥에 메워진 것을 파냄.
필순 丶 氵 氵 汁 泄 洪 渫

1급 배정한자

殲
歹부의 17획

- **훈음**: 다죽일 섬
- **단어**: 殲滅(섬멸) : 남김 없이 다 무찔러 쳐 없앰.
- **필순**: 歹 歹' 歹'' 歼 殲 殲 殲 殲

閃
門부의 2획

- **훈음**: 번득일 섬
- **단어**: 閃光(섬광) : 번쩍이는 빛.
- **필순**: 冂 冂 門 門 閃 閃

醒
酉부의 9획

- **훈음**: 깰 성
- **단어**: 醒睡(성수) : 잠에서 깸.
  覺醒(각성) : 깨어 정신을 차림.
- **필순**: 冂 酉 酉 酉' 酉'' 醒 醒

塑
土부의 10획

- **훈음**: 흙빚을 소
- **단어**: 塑性(소성) : 탄성의 한계 이상으로 고체를 변형시키면 그 외력을 없애도 변형된 부분이 그대로 있는 성질.
- **필순**: 丷 屮 屮 朔 朔 朔 塑

宵
宀부의 7획

훈음: 밤 소
단어:
宵行(소행) : 밤길을 감.
晝宵(주소) : 낮과 밤.
필순: 丶 宀 宁 宵 宵 宵

疎
足부의 7획

훈음: 성길 소
단어:
疏와 同字.
疎薄(소박) : 성김.
필순: 一 丆 正 疋 趾 趼 疎

搔
手부의 10획

훈음: 긁을 소
단어: 搔頭(소두) : 머리를 긁음.
필순: 亅 扌 扚 抲 搔 搔 搔

梳
木부의 7획

훈음: 빗 소
단어:
梳沐(소목) : 머리를 빗고 목욕함.
梳洗(소세) : 머리를 빗고 낯을 씻음.
필순: 十 木 朩 栌 栌 梳 梳

1급 배정한자

甦

生부의 7획

훈음: 깨어날 소
단어: 蘇의 俗字.
甦生(소생) : 다시 살아나는 것.
필순: 一 丆 百 更 更 更 甦 甦

瘙

疒부의 10획

훈음: 종기 소
단어: 風瘙(풍소) : 풍사로 인하여 피부가 가려운 병증.
필순: 丶 疒 疒 疒 痄 瘖 瘙

簫

竹부의 13획

훈음: 퉁소 소
단어: 簫鼓(소고) : 퉁소와 북.
短簫(단소) : 짧고 작은 퉁소.
필순: 𥫗 𥫗 筀 筀 筀 箫 簫 簫

蕭

艸부의 13획

훈음: 쓸쓸할, 대쑥 소
단어: 蕭冷(소랭) : 쓸쓸하고 싸늘함.
蕭艾(소애) : 쑥. 천한 사람, 소인을 비유함.
필순: 艹 艹 萧 萧 蕭 蕭 蕭

逍
辶부의 7획

훈음 거닐 소

단어
逍遙(소요) : 정한 곳 없이 거닐어 다님.
逍風(소풍) : 갑갑함을 풀기 위해 바람을 쐼.

필순 ⺍ ⺌ 小 肖 肖 逍 逍 逍

遡
辶부의 10획

훈음 거스를 소

단어
遡及(소급) : 지나간 일에까지 거슬러 올라가서 효력을 미침.
遡源(소원) : 물의 근원을 찾는다는 뜻으로, 근본을 찾아 밝힘.

필순 丷 屮 屰 朔 朔 遡 遡 遡

贖
貝부의 15획

훈음 바칠,속죄할 속

단어
贖錢(속전) : 형벌을 면하려고 바치는 돈.
贖罪(속죄) : 착한 일을 하여 지은 죄를 씻음.

필순 冂 日 貝 貝⺊ 贖 贖 贖 贖

遜
辶부의 10획

훈음 겸손할,뒤떨어질 손

단어
謙遜(겸손) : 자기를 낮추는 것.
遜色(손색) : 다른 것보다 못한 점.

필순 了 孑 孖 孫 孫 孫 遜 遜

1급 배정한자

悚

心부의 7획

훈음 두려워할 송

단어
悚懼(송구) : 두려워서 마음에 몹시 미안함.
惶悚(황송) : 두렵고 미안함.

필순 丶 忄 忄 忄 悚 悚

灑

水부의 19획

훈음 뿌릴 쇄

단어
灑落(쇄락) : 가볍게 떨어짐.
瀟灑(소쇄) : 비로 쓸고 물을 뿌림. 깨끗하고 시원함.

필순 氵 氵 沂 沔 灑 灑 灑 灑

碎

石부의 8획

훈음 부술 쇄

단어
碎身(쇄신) : 죽을 힘을 다하여 애씀.
粉碎(분쇄) : 가루같이 부스러뜨림.

필순 丆 石 石 矿 矽 碎 碎

嫂

女부의 10획

훈음 형수 수

단어
兄嫂(형수) : 형의 아내.
季嫂(계수) : 아우의 아내. 형제가 많을 때 막내 아우의 아내.

필순 女 女 女 妒 妒 嫂 嫂

戌
戈부의 2획

- **훈음**: 지킬 수
- **단어**: 戌樓(수루) : 적을 살피기 위해 성 위에 세운 망루.
  邊戌(변수) : 변경을 지킴.
- **필순**: 一 厂 厂 戊 戌 戌

狩
犬부의 6획

- **훈음**: 사냥 수
- **단어**: 狩獵(수렵) : 총이나 활 등으로 산이나 들의 짐승을 잡는 일.
- **필순**: 犭 犭 犭 狞 狩 狩

瘦
疒부의 10획

- **훈음**: 여윌 수
- **단어**: 瘦勁(수경) : 글씨나 그림의 선이 가늘면서도 힘이 있음.
  瘦瘠(수척) : 몸이 여위고 마름. 파리함.
- **필순**: 亠 疒 疒 疒 疒 疸 瘦 瘦

穗
禾부의 12획

- **훈음**: 이삭 수
- **단어**: 落穗(낙수) : 떨어진 이삭처럼 남아 있는 이야깃거리.
  麥穗(맥수) : 보리의 이삭.
- **필순**: 二 千 禾 禾 和 秝 穂 穗

1급 배정한자

竪
立 부의 8획

훈음: 세울 수

단어:
豎의 俗字.
竪穴(수혈) : 땅 표면에서 아래로 파 내려간 구멍.

필순: 厂 尸 臣 臤 堅 竪 竪

粹
米 부의 8획

훈음: 순수할 수

단어:
粹美(수미) : 잡된 것이 없이 아름다움.
純粹(순수) : 다른 것이 조금도 섞임이 없음.

필순: 丶 丷 半 米 粐 粹 粹 粹

繡
糸 부의 13획

훈음: 수놓을 수

단어:
刺繡(자수) : 수를 놓음.
錦繡(금수) : 비단과 바느질.

필순: 乡 纟 糸 紆 紳 繡 繡 繡

羞
羊 부의 5획

훈음: 부끄러울, 맛있는음식 수

단어:
羞恥(수치) : 부끄럽고 창피함.
珍羞(진수) : 맛이 아주 좋은 음식.

필순: 丶 丷 半 羊 羞 羞 羞

蒐
艸부의 10획

- **훈음**: 모을 수
- **단어**: 蒐集(수집) : 여러 가지를 찾아서 모음.
- **필순**: ー 艹 艹 苎 苗 蒐 蒐

讎
言부의 16획

- **훈음**: 원수 수
- **단어**:
  - 復讎(복수) : 앙갚음.
  - 怨讎(원수) : 자기에게 해를 입혀 원한이 맺힌 대상.
- **필순**: 亻 仆 仹 倠 儶 讎 讎

袖
衣부의 5획

- **훈음**: 소매 수
- **단어**:
  - 袖手(수수) : 옷 소매 속에 넣은 손. 팔짱을 낌.
  - 領袖(영수) : 옷깃과 소매.
- **필순**: ㄱ ㄲ 衤 初 袖 袖

酬
酉부의 6획

- **훈음**: 갚을 수
- **단어**:
  - 酬酌(수작) : 술잔을 주고 받음. 남의 언행을 업신여겨 하는 말.
  - 報酬(보수) : 고맙게 해 준 데 대한 갚음.
- **필순**: 冂 西 酉 酊 酬 酬

1급 배정한자

髓
骨부의 13획

훈음 골수 수

단어
骨髓(골수) : 뼈 내부에 차 있는 적색 또는 황색의 연한 조직.
마음속. 일의 요점.

필순 冂 冎 骨 骨 骨 骨 骨 骨 髓

塾
土부의 11획

훈음 글방 숙

단어
私塾(사숙) : 개인이 설립한 글방.
塾舍(숙사) : 사숙하는 학생들이 묵는 곳.

필순 亠 丶 亨 享 孰 孰 塾

夙
夕부의 3획

훈음 일찍 숙

단어
夙成(숙성) : 나이에 비하여 키가 크거나 지각이 일찍 듦.
夙夜(숙야) : 이른 아침부터 깊은 밤까지.

필순 丿 几 凡 夙 夙 夙

菽
艸부의 8획

훈음 콩 숙

단어
菽麥(숙맥) : 콩과 보리. 어리석은 사람을 비유하는 말.
菽水(숙수) : 콩과 물, 즉 변변치 못한 음식물을 말함.

필순 一 艹 艹 芊 菽 菽

筍
竹부의 6획

훈음: 죽순 순

단어:
石筍(석순) : 종유석에서 만들어지는 죽순 모양의 돌.
竹筍(죽순) : 대나무 뿌리에서 나는 어리고 연한 싹.

필순: ⺮ ⺮ 笁 筊 笱 筍 筍

醇
酉부의 8획

훈음: 전술,순후할 순

단어:
醇醴(순례) : 전술과 단술.
醇酒(순주) : 다른 것이 조금도 섞이지 아니한 술.

필순: 丆 西 酉 酉⺆ 酉亠 醇 醇 醇

馴
馬부의 3획

훈음: 길들 순

단어:
馴鹿(순록) : 사슴과에 딸린 짐승.
馴致(순치) : 짐승을 길들임.

필순: ⺁ ⺌ 馬 馬 馴 馴 馴

膝
肉부의 11획

훈음: 무릎 슬

단어:
膝下(슬하) : 어버이의 사랑 아래. 어버이의 곁.
蔽膝(폐슬) : 무릎을 가림.

필순: 刀 月 肚 胩 胩 胲 膝 膝

1급 배정한자

丞

一부의 5획

훈음 정승 승

단어
丞相(승상) : 정승.
政丞(정승) : 군주 국가에서 장관을 이르는 말.

필순 丁 了 丞 丞 丞 丞

匙

匕부의 9획

훈음 숟가락 시

단어
匙箸(시저) : 숟가락과 젓가락.
飯匙(반시) : 숟가락.

필순 冂 日 早 是 是 匙

媤

女부의 9획

훈음 시집 시

단어
媤家(시가) : 시부모가 있는 집.
媤宅(시댁) : 시가의 존칭.

필순 女 女 如 姉 媤 媤

弑

弋부의 10획

훈음 죽일 시

단어
弑殺(시살) : 부모나 임금을 죽임. 시해.
毒弑(독시) : 독약으로 부모나 형들과 같은 웃사람을 죽임.

필순 乂 坴 杀 杀 弑 弑 弑 弑

柿
木부의 5획

훈음: 감나무 시

단어:
紅柿(홍시) : 물렁하게 잘 익은 감. 연시.
乾柿(건시) : 곶감.

필순: 十 木 朾 杮 杮 柿

猜
犬부의 8획

훈음: 의심할, 시기할 시

단어:
猜懼(시구) : 의심하고 두려워함.
猜忌(시기) : 샘내어 미워함.

필순: ノ 丬 犭 犭⁻ 犭⁼ 猜 猜

諡
言부의 9획

훈음: 시호 시

단어:
私諡(사시) : 고관이나 충신이 죽은 뒤 임금이 내리는 칭호.
贈諡(증시) : 왕이 죽은 신하에게 시호를 내려 줌.

필순: 亠 言 言 訁 訟 謚 謚 諡

豺
豸부의 3획

훈음: 승냥이 시

단어:
豺狼(시랑) : 승냥이와 이리. 욕심이 많고 무자비함을 말함.
豺虎(시호) : 승냥이와 범. 사납고 악함을 비유하는 말.

필순: ⺈ ⺈ 孑 豸 豺 豺

1급 배정한자

拭
手부의 6획

훈음 씻을 식

단어
拭目(식목) : 주의해서 봄.
拂拭(불식) : 떨고 훔침.

필순 一 十 扌 扌 拉 拭 拭

熄
火부의 10획

훈음 꺼질 식

단어
熄滅(식멸) : 망해버림.
終熄(종식) : 성하던 것이 주저앉아 그침.

필순 丶 火 灯 炉 炉 熄 熄

蝕
虫부의 9획

훈음 좀먹을 식

단어
腐蝕(부식) : 썩어 문드러짐.
侵蝕(침식) : 조금씩 먹어들어감.

필순 丿 亻 刍 刍 刍 蝕 蝕

呻
口부의 5획

훈음 끙끙거릴 신

단어
呻吟(신음) : 괴로워 끙끙거리는 소리를 냄. 압박·착취 등의 고통으로 허덕이고 고생함.

필순 丨 冂 口 叮 吅 呻

娠
女부의 7획

훈음 아이밸 신

단어 妊娠(임신) : 아이나 새끼를 뱀.

필순 く 女 女 妌 妌 姃 姃 娠

燼
火부의 14획

훈음 깜부기불 신

단어 燼滅(신멸) : 불타서 없어짐.
燼(회신) : 불탄 나머지.

필순 ⺀ 火 灯 烊 烊 燁 燼 燼

薪
艹부의 13획

훈음 섶나무 신

단어 薪水(신수) : 땔나무와 물. 밥을 짓는다는 뜻.
薪炭(신탄) : 땔나무와 숯, 즉 일반적인 연료를 말함.

필순 ⺀ 艹 艹 产 芝 茟 薪 薪

蜃
虫부의 7획

훈음 교룡,무명조개 신

단어 蜃氣樓(신기루) : 광선의 굴절에 의한 착시 현상.
蜃市(신시) : 환상이나 공중누각. 신기루.

필순 厂 厂 厂 辰 辰 脣 蜃

1급 배정한자

宸	훈음	대궐, 집 신
宀부의 7획	단어	宸襟(신금) : 천자나 임금의 속 마음. 宸念(신념) : 임금의 생각 또는 걱정.
	필순	宀宀宀宸宸宸宸

訊	훈음	물을 신
言부의 3획	단어	訊問(신문) : 캐어 물음, 따져서 물음.
	필순	亠言言訊訊訊

迅	훈음	빠를 신
辶부의 3획	단어	迅速(신속) : 매우 빠름.
	필순	乙几凡迅迅迅

悉	훈음	모두, 다할 실
心부의 7획	단어	知悉(지실) : 모두 앎. 죄다 앎. 究悉(구실) : 조사하여 밝힘.
	필순	一宀平采悉悉

俄
人부의 7획

- **훈음**: 갑자기 아
- **단어**:
  - 俄然(아연) : 갑자기. 갑작스러운 모양.
  - 俄間(아간) : '아까'를 예스럽게 이르는 말.
- **필순**: 亻 亻 仁 仟 仟 俄 俄 俄

訝
言부의 4획

- **훈음**: 의심할 아
- **단어**:
  - 訝鬱(아울) : 의심스러워 답답함.
  - 疑訝(의아) : 의심스럽고 괴이쩍음. 또 그런 마음.
- **필순**: 亠 亖 言 訐 訐 訝

啞
口부의 8획

- **훈음**: 벙어리, 놀랄 아
- **단어**:
  - 啞然(아연) : 어이가 없는 모양.
  - 盲啞(맹아) : 소경과 벙어리.
- **필순**: 口 口 叩 呸 呸 啞 啞

衙
行부의 7획

- **훈음**: 관청, 마을 아
- **단어**:
  - 衙前(아전) : 지방 관청에 딸린 낮은 벼슬아치.
  - 官衙(관아) : 예전에 벼슬아치들이 모여 나랏일을 하던 곳.
- **필순**: 彳 彳 彳 衧 衧 衙 衙 衙

1급 배정한자

顎

훈음: 턱 악
단어:
- 顎骨(악골) : 턱을 이루는 뼈.
- 上顎(상악) : '위턱'을 의학에서 이르는 말.

頁부의 9획

필순: ⼞ ⼞⼞ ⼞⼞⼞ 号 号 䚻 顎 顎

堊

훈음: 흰흙 악
단어:
- 白堊(백악) : 석회질의 흰 암석.
- 素堊(소악) : 흰 흙.

土부의 8획

필순: 一 丆 𠀆 𠀎 亞 亞 堊 堊

愕

훈음: 놀랄 악
단어:
- 愕然(악연) : 깜짝 놀라는 모양.
- 驚愕(경악) : 몹시 깜짝 놀람.

心부의 9획

필순: 丶 忄 忄 忄 忄 愕 愕

按

훈음: 누를, 살필 안
단어:
- 按摩(안마) : 몸을 두드리거나 문질러서 병을 치료하는 방법.
- 按察(안찰) : 조사하여 바로잡음.

手부의 6획

필순: 扌 扌 扩 护 按 按

晏
日부의 6획

훈음: 늦을 안

단어:
- 晏駕(안가) : 붕어.
- 晏眠(안면) : 아침 늦게까지 잠을 잠.

필순: 冂 日 旦 昃 晏 晏

鞍
革부의 6획

훈음: 안장 안

단어:
- 鞍馬(안마) : 안장을 갖춘 말.
- 金鞍(금안) : 금으로 장식한 안장.

필순: 廾 끔 블 革 靪 鞍 鞍 鞍

軋
車부의 1획

훈음: 삐걱거릴 알

단어:
- 軋轢(알력) : 수레가 삐걱거림. 의견이 맞지 않아서 서로 충돌이 됨.

필순: 一 冂 百 亘 車 軋

斡
斗부의 10획

훈음: 관리할 알

단어:
- 斡旋(알선) : 남의 일이 잘 되도록 마련하여 소개함. 주선.

필순: 十 古 卓 卓 斡 斡 斡

1급 배정한자

庵
广부의 8획

훈음: 암자 암
단어: 庵子(암자) : 큰 절에 딸린 작은 절. 중이 임시로 거처하며 도를 닦는 집.
필순: 亠 广 广 庐 庐 庵 庵

闇
門부의 9획

훈음: 어두울 암
단어: 闇暝(암명) : 어두워서 사람의 눈이 미치지 아니하는 곳.
闇市場(암시장) : 자유 판매가 금지된 상품을 파는 시장.
필순: 冂 冃 門 門 門 閂 闇 闇

怏
心부의 5획

훈음: 원망할 앙
단어: 怏心(앙심) : 원한을 품은 마음.
필순: 丶 忄 忄 忙 怏 怏

昂
日부의 4획

훈음: 오를 앙
단어: 昂騰(앙등) : 높아짐. 물건 값이 오름.
昂揚(앙양) : 높이 올라감. 높이 올림.
필순: 冂 日 旦 昻 昂 昂

秧
禾부의 5획

- 훈음: 모 앙
- 단어:
  - 秧板(앙판) : 못자리.
  - 移秧(이앙) : 모심기. 모내기.
- 필순: 二 千 禾 和 和 秧 秧

鴦
鳥부의 5획

- 훈음: 원앙 앙
- 단어:
  - 鴛鴦(원앙) : 오릿과의 물새. 금실이 좋은 부부를 비유적으로 이르는 말.
- 필순: 冂 冂 央 夾 夾 眘 眘 鴦

曖
日부의 13획

- 훈음: 흐릴 애
- 단어:
  - 曖昧(애매) : 희미하여 분명하지 아니함.
  - 暗曖(암애) : 어둡고 희미함.
- 필순: 冂 日 日' 日'' 日'' 晙 曖 曖

崖
山부의 8획

- 훈음: 벼랑 애
- 단어:
  - 斷崖(단애) : 낭떠러지. 절벽.
  - 崖蜜(애밀) : 낭떠러지에서 딴 꿀.
- 필순: 山 山 屵 屵 岸 崖 崖

1급 배정한자

隘
阜부의 10획

훈음: 좁을 애

단어:
隘路(애로) : 좁고 험난한 길. 일의 성취를 방해하는 원인.
隘巷(애항) : 좁고 답답한 동네.

필순: 阝 阝 阝ハ 阝ハ 陊 陊 隘 隘

靄
雨부의 16획

훈음: 이내, 아지랑이 애

단어:
靄靄(애애) : 이내가 끼는 모양.
和氣靄靄(화기애애) : 화기가 가득 참.

필순: 戶 示 雨 雱 雱 霭 霭 靄

扼
手부의 4획

훈음: 움켜쥘 액

단어:
扼腕(액완) : 성이 나거나 분해서 주먹을 불끈 쥠.

필순: 一 十 扌 扌 扚 扼

縊
糸부의 10획

훈음: 목맬 액

단어:
縊死(액사) : 목을 매어 죽음.
縊殺(액살) : 목을 매어 죽임.

필순: 幺 幺 糸 糹 紒 紒 縊 縊

腋
肉부의 8획

훈음 겨드랑이 액

단어
腋臭(액취) : 체질적으로 겨드랑이에서 나는 고약한 냄새.
扶腋(부액) : 곁부축.

필순 丿 月 月⺅ 月⺅ 腋 腋 腋

櫻
木부의 17획

훈음 앵두나무 앵

단어
櫻桃(앵도) : 앵두.
櫻化(앵화) : 앵두나무의 꽃. 벚꽃.

필순 十 才 村 柯 柯 櫻 櫻 櫻

鶯
鳥부의 10획

훈음 꾀꼬리 앵

단어
鶯語(앵어) : 꾀꼬리가 우는 소리.

필순 ⺌ ⺌⺌ ⺌⺌⺌ 𣥂 𤇾 營 鶯 鶯

冶
冫부의 5획

훈음 단련할, 쇠불릴 야

단어
陶冶(도야) : 훌륭한 사람이 되도록 몸과 마음을 닦아 기름.
冶金(야금) : 쇠붙이를 골라내거나 합금하는 일.

필순 丶 冫 冶 冶 冶 冶

1급 배정한자

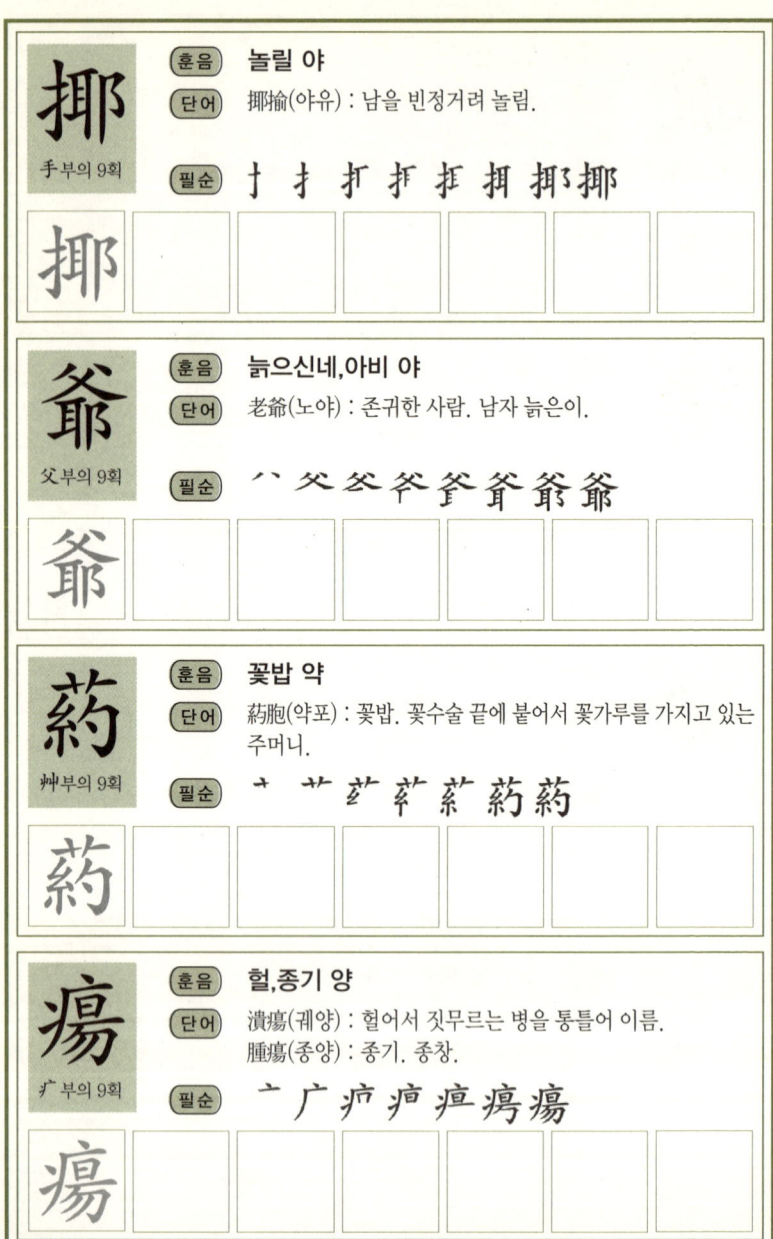

攘
手부의 17획

훈음: 물리칠 양
단어:
攘夷(양이) : 오랑캐를 물리침.
攘斥(양척) : 물리침.
필순: 扌 扩 扩 护 摔 攆 攘 攘

釀
酉부의 17획

훈음: 빚을, 만들 양
단어:
釀蜜(양밀) : 꿀을 만듦.
釀造(양조) : 술이나 간장을 담가 만듦.
필순: 冂 酉 酉 酉 酉 酉 酉 釀 釀

恙
心부의 6획

훈음: 근심할, 병 양
단어:
恙憂(양우) : 염려되는 일. 근심.
微恙(미양) : 가벼운 병증.
필순: 丶 丷 䒑 兰 羊 恙 恙

痒
疒부의 6획

훈음: 가려울 양
단어:
搔痒(소양) : 가려운 곳을 긁음.
痛痒(통양) : 아픔과 가려움. 자신과 직접 관계되는 이해 관계.
필순: 亠 广 疒 疒 疒 痒 痒

1급 배정한자

圄
口부의 7획

훈음: 감옥 어
단어: 囹圄(영어) : 교도소, 유치장 따위의 총칭.
필순: 冂 冂 冃 囲 周 周 圄

瘀
疒부의 8획

훈음: 멍들 어
단어: 瘀血(어혈) : 피가 제대로 돌지 못하여 한 곳에 맺혀 생기는 병. 멍.
필순: 亠 广 疒 疒 疠 瘀 瘀

禦
示부의 11획

훈음: 막을 어
단어: 禦寒(어한) : 추위를 막음.
防禦(방어) : 침입을 막아냄.
필순: 彳 彷 徉 徍 御 禦 禦 禦

臆
肉부의 13획

훈음: 가슴 억
단어: 臆測(억측) : 제멋대로 추측함.
胸臆(흉억) : 가슴.
필순: 冂 月 肑 臆 臆 臆 臆 臆

堰
土부의 9획

훈음: 방죽 언

단어:
- 堤堰(제언): 둑. 방죽.
- 石堰(석언): 물을 막기 위하여 돌로 쌓아올린 언막이.

필순: 一 十 土 土⁻ 圹 垣 堰 堰 堰

諺
言부의 9획

훈음: 상말 언

단어:
- 諺文(언문): 속된 글이라는 뜻으로, 한글의 낮춘 이름.
- 里諺(이언): 마을에서 쓰는 속담.

필순: 丶 亠 言 言 訁 諺 諺 諺

儼
人부의 20획

훈음: 의젓할 엄

단어:
- 儼恪(엄각): 위엄이 있으면서도 공손함.

필순: 亻 亻ʾ 亻ʾʾ 伊 伊 儼 儼 儼

奄
大부의 5획

훈음: 문득, 환관 엄

단어:
- 奄忽(엄홀): 문득 갑자기.
- 奄人(엄인): 환관. 고자.

필순: 一 大 夵 좁 奄

1급 배정한자

掩

手부의 8획

훈음: 가릴 엄

단어:
掩襲(엄습) : 갑자기 습격함.
掩蔽(엄폐) : 안 보이게 덮어서 숨김.

필순: 扌 扌 扩 扩 拎 掩 掩

繹

糸부의 13획

훈음: 풀어낼 역

단어:
絡繹(낙역) : 왕래가 끊임이 없음.
演繹(연역) : 한 사실에서 다른 사실을 추론함.

필순: 幺 紆 紓 紓 綏 繹 繹 繹

捐

手부의 7획

훈음: 버릴 연

단어:
棄捐(기연) : 자기의 재물을 내놓아 남을 도와줌.
捐金(연금) : 돈을 버림. 돈을 기부함.

필순: 扌 扌 扩 捐 捐 捐

椽

木부의 9획

훈음: 서까래 연

단어:
椽木(연목) : 서까래.

필순: 十 木 杧 杧 梣 椽 椽 椽

鳶
鳥부의 3획

훈음 솔개, 연 연

단어 鳶肩(연견) : 솔개의 어깨와 비슷한 모양의 어깨.
紙鳶(지연) : 종이로 만든 연.

필순 一 ㇀ 弋 弌 鳶 鳶 鳶 鳶

筵
竹부의 7획

훈음 대자리, 자리 연

단어 筵席(연석) : 대자리. 주연을 베푸는 자리.
經筵(경연) : 임금 앞에서 경서를 강론하는 자리.

필순 ㇀ 竺 竺 竺 筵 筵 筵 筵

焰
火부의 8획

훈음 불꽃 염

단어 氣焰(기염) : 대단한 기세.
火焰(화염) : 불꽃.

필순 丶 火 炒 炒 炒 焰 焰 焰

艶
色부의 13획

훈음 고울 염

단어 艶聞(염문) : 이성간의 정사에 관한 소문.
麗艶(여염) : 아름답고 예쁨.

필순 冂 曲 曲 曹 豊 豊 艶 艶

1급 배정한자

嬰
女부의 14획

훈음 어릴 영

단어
嬰兒(영아) : 젖먹이. 유아.
嬰稚(영치) : 젖먹이. 영아.

필순 冂 日 貝 貝䰟 䰟䰟 䰟䰟 嬰 嬰

裔
衣부의 7획

훈음 후손 예

단어
支裔(지예) : 일이나 물건의 갈라져 나온 부분.
後裔(후예) : 후손.

필순 亠 衣 衣 衣 裔 裔 裔

曳
日부의 2획

훈음 끌 예

단어
曳引船(예인선) : 다른 배를 끌고 가는 배.

필순 冂 日 申 曳

穢
禾부의 13획

훈음 더러울 예

단어
醜穢(추예) : 지저분하고 더러움.
荒穢(황예) : 거칠고 더러움.

필순 二 千 禾 禾 秽 秽 穢 穢

詣
言부의 6획

훈음: 나아갈, 이를 예

단어:
詣闕(예궐) : 대궐에 들어감.
造詣(조예) : 학문이나 기술이 깊은 지경에까지 나아간 정도.

필순: 亠 言 言 言 訡 訡 詣 詣

奧
大부의 10획

훈음: 속 오

단어:
秘奧(비오) : 비밀.
深奧(심오) : 깊고 오묘함.

필순: 冂 冂 甪 甪 奧 奧

寤
宀부의 11획

훈음: 깰 오

단어:
寤寐(오매) : 잠에서 깨거나 잠을 자고 있을 때. 언제나.
寤寐不忘(오매불망) : 자나 깨나 잊지 못함.

필순: 宀 宀 宀 宀 宀 寤 寤

懊
心부의 13획

훈음: 한할 오

단어:
懊惱(오뇌) : 잘못이나 실패를 뉘우쳐 한탄하고 괴로워함.
懊恨(오한) : 뉘우치고 한탄함.

필순: 丶 忄 忄 忄 悒 悒 懊 懊

1급 배정한자

伍
人부의 4획

- **훈음**: 대오 오
- **단어**:
  - 落伍(낙오) : 대열에서 뒤쳐짐.
  - 隊伍(대오) : 편성된 대열.
- **필순**: ノ 亻 亻 仃 伍 伍

蘊
艸부의 16획

- **훈음**: 쌓을 온
- **단어**:
  - 五蘊(오온) : 물질, 정신을 다섯으로 나눈 다섯 가지 적취.
  - 蘊奧(온오) : 학문이나 지식이 쌓이고 깊음.
- **필순**: 艹 艹 苁 菘 菘 蒕 蒕 蘊

壅
土부의 13획

- **훈음**: 막힐 옹
- **단어**:
  - 壅塞(옹색) : 쓰려는 것이 없고 귀하여 군색함.
  - 壅拙(옹졸) : 너그럽지 못하고 생각이 좁음.
- **필순**: 亠 夂 夯 矝 矝 雍 雍 壅

渦
水부의 9획

- **훈음**: 소용돌이 와
- **단어**:
  - 渦旋(와선) : 소용돌이침.
  - 渦中(와중) : 소용돌이치는 가운데.
- **필순**: 丶 氵 氵 汀 沪 渦 渦 渦

蝸
虫부의 9획

훈음: 달팽이 와
단어:
蝸角(와각) : 달팽이의 촉각.
蝸牛角相爭(와우각상쟁) : 작은 나라끼리의 싸움.
필순: 口 中 虫 虬 蚓 蝸 蝸

訛
言부의 4획

훈음: 그릇될 와
단어:
訛音(와음) : 잘못 전해진 글자의 음.
訛傳(와전) : 그릇되게 전함.
필순: 亠 言 言 訁 訛 訛

婉
女부의 8획

훈음: 아름다울, 은근할 완
단어:
婉美(완미) : 날씬하고 아름다움.
婉曲(완곡) : 언행을 빙 둘러서 함.
필순: 丿 女 女 妒 妒 婑 婉

宛
宀부의 5획

훈음: 굽을, 완연할 완
단어:
宛延(완연) : 길게 에두른 모양.
宛然(완연) : 뚜렷이 나타남. 모양이 서로 비슷함. 마치. 흡사.
필순: 丶 宀 宀 宂 宛 宛

1급 배정한자

玩
玉부의 4획

훈음: 놀,즐길 완
단어:
玩具(완구) : 장난감.
玩賞(완상) : 즐기며 감상함.
필순: 一 T 王 玉 玕 玩

腕
肉부의 8획

훈음: 팔,재주 완
단어:
腕力(완력) : 뚝심.
敏腕(민완) : 민첩한 수완.
필순: 刀 月 丹 胪 胪 胪 腕

頑
頁부의 4획

훈음: 완고할 완
단어:
頑強(완강) : 완고하고 굳셈. 몸이 건강함.
頑固(완고) : 성질이 검질기게 굳고 고집이 셈.
필순: 二 元 元 頑 頑 頑 頑

阮
阜부의 4획

훈음: 나라이름 완
단어:
阮丈(완장) : 남의 삼촌을 높여 이르는 말.
필순: 阝 阝 阝 阝 阮 阮

184

枉

木 부의 4획

훈음 굽힐, 굽을 왕

단어
枉臨(왕림) : 굽혀 온다는 뜻으로, 남이 오는 것을 높여 말함.
矯枉(교왕) : 굽은 것을 바로잡음.

필순 十 木 朾 杆 枉

矮

矢 부의 8획

훈음 작을 왜

단어
矮軀(왜구) : 키가 작은 체구.
矮馬(왜마) : 조랑말.

필순 亠 矢 矢 矢 矮 矮 矮

猥

犬 부의 9획

훈음 함부로 외

단어
猥濫(외람) : 분수에 넘치는 짓을 하여 죄송함.
猥褻(외설) : 버릇 없고 스스럼 없음. 난잡함.

필순 亅 犭 犳 犳 猥 猥 猥 猥

巍

山 부의 18획

훈음 높고클 외

단어
巍然(외연) : 높고 크게 솟아 있는 모양.
崔巍(최외) : 산이 높고 험함.

필순 山 屵 峑 峑 巍 巍 巍 巍

1급 배정한자

僥

人부의 12획

- **훈음**: 요행, 거짓 요
- **단어**:
  - 僥倖(요행) : 생각지도 않은 뜻밖의 다행.
  - 僥人(요인) : 거짓말쟁이.
- **필순**: 亻 亻 仸 俤 倖 倖 僥 僥

凹

凵부의 3획

- **훈음**: 오목할 요
- **단어**:
  - 凹面(요면) : 가운데가 오목하게 들어간 면.
  - 凹凸(요철) : 오목하게 들어감과 볼록하게 솟음.
- **필순**: 丨 冂 冂 凹 凹

拗

手부의 5획

- **훈음**: 이김성많을, 꺾을 요
- **단어**:
  - 執拗(집요) : 꽉 잡은 마음이 검질기고도 끈기가 있음.
  - 拗矢(요시) : 화살을 꺾음. 꺾인 화살.
- **필순**: 丨 扌 扌 扚 拗 拗

夭

大부의 1획

- **훈음**: 일찍죽을, 젊을 요
- **단어**:
  - 壽夭(수요) : 오래 삶과 일찍 죽음.
  - 夭折(요절) : 젊어서 죽음.
- **필순**: 一 二 千 夭

撓
手부의 12획

- **훈음**: 구부러질 요
- **단어**: 撓折(요절) : 휘어져 부러짐.
- **필순**: 扌 扌 扩 挊 挊 挢 撓 撓

擾
手부의 15획

- **훈음**: 어지러울 요
- **단어**: 擾亂(요란) : 시끄럽고 떠들썩함.
  紛擾(분요) : 어지러워짐.
- **필순**: 扌 扩 扩 捛 捛 擾 擾 擾

窈
穴부의 5획

- **훈음**: 고요할, 얌전할 요
- **단어**: 窈窕(요조) : 여자의 행동이 아름답고 얌전함.
  窈窕淑女(요조숙녀) : 마음이나 행동이 얌전하고 고운 여자.
- **필순**: 宀 宂 宆 宆 窈 窈

窯
穴부의 10획

- **훈음**: 가마 요
- **단어**: 窯業(요업) : 질그릇·사기그릇 따위를 만드는 산업.
  瓦窯(와요) : 기와를 구어내는 굴.
- **필순**: 宀 宂 宆 窂 窑 窯 窯

1급 배정한자

邀

훈음: 맞을 요
단어:
- 邀擊(요격) : 적을 기다리다가 도중에서 맞받아침.
- 邀招(요초) : 청하여 맞아들임.

辶부의 13획

필순: 宀 白 阜 臬 臬攵 敫 澂 邀

饒

훈음: 넉넉할 요
단어:
- 饒舌(요설) : 말이 많음. 잘 지껄임.
- 富饒(부요) : 재물을 풍부하게 가지고 있음.

食부의 12획

필순: 丿 亻 仑 仐 仐 仹 饀 饒

涌

훈음: 샘솟을 용
단어:
- 湧의 本字.
- 涌出(용출) : 액체가 솟아나옴.

水부의 7획

필순: 丶 氵 氵 沜 涌 涌

聳

훈음: 솟을, 삼갈 용
단어:
- 聳立(용립) : 우뚝 솟음.
- 聳然(용연) : 높이 솟은 모양. 삼가고 두려워하는 모양.

耳부의 11획

필순: 夕 彳 彶 从 從 傛 聳 聳

茸
艸부의 6획

훈음: 우거질, 녹용 용
단어: 茸茸(용용) : 풀이 무성한 모양.
鹿茸(녹용) : 사슴의 새로 돋은 연한 뿔.
필순: 一 艹 艹 苎 苴 茸

蓉
艸부의 10획

훈음: 연꽃 용
단어: 芙蓉(부용) : 연꽃.
필순: 一 艹 艹 艾 荽 蓉

踊
足부의 7획

훈음: 뛸 용
단어: 踊躍(용약) : 좋아서 뜀.
舞踊(무용) : 춤.
필순: 口 甼 呈 呈 跣 跣 踊

嵎
山부의 9획

훈음: 산굽이 우
단어: 산굽이, 해돋이, 산 모퉁이를 뜻함.
필순: 丨 山 山冂 山日 嵎 嵎 嵎

1급 배정한자

寓
宀부의 9획

훈음: 부쳐살, 빗댈 우

단어:
寓居(우거) : 정착하지 못하고 임시로 거주함.
寓意(우의) : 다른 사물에 빗대어 비유적인 뜻을 나타냄.

필순: 宀 宀 宫 宫 寓 寓

虞
虍부의 7획

훈음: 근심할 우

단어:
虞祭(우제) : 장례를 마치고 돌아와서 지내는 제사.
返虞(반우) : 장사 치른 뒤에 신주를 모시고 돌아오는 일.

필순: 丨 广 卢 虍 虞 虞 虞

迂
辶부의 3획

훈음: 돌, 멀 우

단어:
迂回(우회) : 곧바로 가지 않고 돌아감.
迂疏(우소) : 세상 물정에 어둡고 민첩하지 못함.

필순: 一 二 于 于 迂 迂

隅
阜부의 9획

훈음: 모퉁이 우

단어:
隅角(우각) : 어떤 장소의 구석진 곳이나 모퉁이.
一隅(일우) : 한 구석. 한 모퉁이.

필순: 阝 阝 阝 阳 隅 隅 隅

殞

훈음: 죽을, 떨어질 운

단어:
殞命(운명) : 사람의 목숨이 다해 죽음.
殞泣(운읍) : 눈물을 흘리면서 욺.

歹부의 10획

필순: 一 歹 歹 歹 殞 殞 殞 殞

耘

훈음: 김맬 운

단어:
耘鋤(운서) : 잡초를 베고 논밭을 갊. 땅을 평정함.
耕耘(경운) : 논밭을 갈고 김을 맴.

耒부의 4획

필순: 二 三 丰 耒 耘 耘

隕

훈음: 잃을, 떨어질 운

단어:
隕命(운명) : 목숨을 잃음. *殞과 같은 뜻으로 쓰임.
隕石(운석) : 지구상에 떨어진 별똥.

阜부의 10획

필순: 了 阝 阝 阝 阞 陨 隕

寃

훈음: 원통할 원

단어:
寃痛(원통) : 분하고 억울함. 몹시 원망스러움.
雪寃(설원) : 원통함을 풂.

宀부의 8획

필순: 宀 宀 宀 宀 寃 寃

1급 배정한자

猿
犬 부의 10획

훈음: 원숭이 원

단어:
猿聲(원성) : 원숭이 소리.
犬猿(견원) : 개와 원숭이, 즉 서로 사이가 나쁜 사이를 말함.

필순: 亻 犭 犭⁺ 犹 狞 猝 猿 猿

鴛
鳥 부의 5획

훈음: 원앙새 원

단어:
鴛鴦(원앙) : 원앙새. 사이가 좋은 부부를 말하기도 함.
鴛侶(원려) : 동료 벼슬아치. 배필.

필순: ク タ タフ 夗 夗 智 鴛 鴛

萎
艸 부의 8획

훈음: 시들 위

단어:
萎靡(위미) : 시들고 늘어짐.
萎縮(위축) : 시들고 쭈그러듦. 졸아들고 기를 펴지 못함.

필순: 一 艹 芏 芊 茉 萎 萎 萎

喩
口 부의 9획

훈음: 깨우칠,비유할 유

단어:
訓喩(훈유) : 가르쳐 타이름. 또는 그런 말.
譬喩(비유) : 비슷한 다른 성질의 현상, 사물을 빗대어 나타냄.

필순: 口 口 吖 吤 吟 喩 喩

宥

宀부의 6획

훈음 너그러울, 용서할 유

단어 宥和(유화) : 달래어 상대의 마음을 부드럽게 함.
恕宥(서유) : 관대하게 용서함.

필순 丶 宀 宀 宀 宇 宥 宥

愉

心부의 9획

훈음 즐거울 유

단어 愉悅(유열) : 유쾌하고 기쁨.
愉快(유쾌) : 기분이 상쾌하고 즐거움.

필순 丶 忄 忄 忄 愉 愉 愉

揄

手부의 9획

훈음 희롱할, 칭찬할 유

단어 揶揄(야유) : 남을 빈정거려 놀림.
揄揚(유양) : 칭찬하여 치켜세움.

필순 扌 扌 扌 扒 扮 揄 揄

柚

木부의 5획

훈음 유자나무 유

단어 柚子(유자) : 유자나무의 열매.

필순 十 木 木 朾 柚 柚

癒
广 부의 13획

- **훈음**: 병나을 유
- **단어**:
  - 癒合(유합) : 상처가 나아서 아묾.
  - 快癒(쾌유) : 병이 아주 나음.
- **필순**: 亠 广 疒 疒 疮 疥 瘉 癒

諛
言 부의 8획

- **훈음**: 아첨할 유
- **단어**:
  - 諛言(유언) : 아첨하는 말.
  - 阿諛(아유) : 남의 환심을 사거나 잘 보이려고 알랑거리는 것.
- **필순**: 亠 言 言 訁 訃 訃 諛 諛

諭
言 부의 8획

- **훈음**: 타이를 유
- **단어**:
  - 諭示(유시) : 타일러 훈계함. 또는 그 말이나 문서.
  - 勸諭(권유) : 하도록 타이름.
- **필순**: 亠 言 言 訁 訃 諭 諭 諭

蹂
足 부의 9획

- **훈음**: 밟을 유
- **단어**:
  - 蹂躪(유린) : 짓밟음. 폭력으로 남의 권리를 누름.
- **필순**: 口 무 疋 趴 趴 跊 蹂 蹂

鍮

金부의 9획

훈음: 놋쇠 유

단어:
鍮器(유기) : 놋쇠로 만든 그릇.
眞鍮(진유) : 놋쇠.

필순: ノ 仁 乒 金 鈐 鈐 鈐 鍮

遊

辶부의 9획

훈음: 놀 유

단어:
遊覽(유람) : 두루 돌아다니며 구경함.
荒游(황유) : 술과 여색에 빠져서 함부로 놂.

필순: 亠 方 方 扩 斿 斿 游 遊

戎

戈부의 2획

훈음: 오랑캐, 병장기 융

단어:
西戎(서융) : 중국에서 서쪽 변방의 이민족을 이르던 말.
戎馬(융마) : 전쟁에 쓰는 말.

필순: 一 二 于 戎 戎 戎

絨

糸부의 6획

훈음: 융 융

단어:
絨緞(융단) : 양털 따위의 털을 표면에 보풀이 일게 짠 두꺼운 모직물.

필순: 乚 幺 糸 糸 紅 紅 絨 絨

1급 배정한자

陰
阜 부의 8획

훈음: 그늘 음
단어:
陰氣(음기) : 음의 기운. 소극적인 기운.
茂蔭(무음) : 무성한 나무 그늘.
필순: ㇇ 阝 阝⁻ 阶 阶 陰 陰

揖
手 부의 9획

훈음: 읍할 읍
단어: 揖禮(읍례) : 남을 향하여 읍하여 예를 함.
필순: 亅 扌 扩 护 护 挕 挕 揖

膺
广 부의 13획

훈음: 받을, 칠 응
단어:
膺受(응수) : 선물 등을 받음. 의무나 책임 등을 짐.
膺懲(응징) : 잘못을 깨우쳐 뉘우치도록 징계함.
필순: 亠 广 广 府 府 雁 膺 膺

擬
手 부의 14획

훈음: 비길 의
단어:
擬聲(의성) : 어떤 소리를 흉내내어 인공적으로 표현함.
擬制(의제) : 법률에서 동일한 것으로 처리하여 효과를 줌.
필순: 扌 扌⁻ 扩 挟 挟 擬 擬 擬

椅
木 부의 8획

- **훈음**: 교의 의
- **단어**:
  - 交椅(교의) : 의자.
  - 靑椅(청의) : 푸른 의자.
- **필순**: 十 木 ㅊ 杧 栌 梼 椅

毅
殳 부의 11획

- **훈음**: 굳셀 의
- **단어**:
  - 毅然(의연) : 의지가 굳세어서 끄떡없음.
  - 勇毅(용의) : 용감하고 의지가 강함.
- **필순**: 亠 立 亣 亨 享 豪 㪣 毅

誼
言 부의 8획

- **훈음**: 옳을, 도타울 의
- **단어**:
  - 友誼(우의) : 친구간의 정의.
  - 情誼(정의) : 서로 사귀어 친하여진 정.
- **필순**: 亠 三 言 訁 訠 誼

痍
疒 부의 6획

- **훈음**: 상처 이
- **단어**:
  - 傷痍(상이) : 부상을 당함.
  - 創痍(창이) : 칼에 다친 상처.
- **필순**: 亠 广 疒 疒 痁 痍 痍

1급 배정한자

姨
女 부의 6획

훈음: 이모 이
단어:
姨母(이모) : 어머니의 여자 형제.
姨從(이종) : 이모의 자녀. 이종사촌.
필순: 女 女 妒 姆 姨 姨

弛
弓 부의 3획

훈음: 늦출 이
단어:
弛緩(이완) : 느슨함. 늦추어짐.
解弛(해이) : 마음이나 규율이 풀려 느즈러지게 됨.
필순: 丁 コ 弓 引 弛 弛

爾
爻 부의 10획

훈음: 너 이
단어:
爾汝(이여) : 너. 너희들.
率爾(솔이) : 경솔한 모양. (어조사로 쓰임)
필순: 一 ハ 行 币 爾 爾 爾

餌
食 부의 6획

훈음: 먹이 이
단어:
餌藥(이약) : 건강을 위해 먹는 약.
食餌(식이) : 먹이 또는 조리한 음식.
필순: 丿 亻 亽 仐 飠 飠 飣 餌

翌
羽 부의 5획

훈음: 다음날 익

단어:
翌年(익년) : 올해의 바로 뒤에 오는 해, 내년.
翌日(익일) : 다음날. 이튿날.

필순: ᄀ ᄏ ᄏㄱ ㄲㄲ 翌 翌 翌

咽
口 부의 6획

훈음: 목구멍 인, 목멜 열

단어:
咽喉(인후) : 식도와 기도를 통하는 입속 깊숙한 곳, 목구멍.
嗚咽(오열) : 목이 메어 욺.

필순: 丨 口 叩 叼 咽 咽

靭
革 부의 3획

훈음: 질길 인

단어:
靭帶(인대) : 관절의 뼈 사이와 관절 주위에 있는, 노끈이나 띠 모양의 결합 조직.

필순: 一 艹 苩 革 靭 靭 靭

湮
水 부의 9획

훈음: 잠길 인

단어:
湮滅(인멸) : 자취도 없이 모두 없어짐. 또는 그렇게 없앰.
湮沒(인몰) : 흔적도 없이 없어짐.

필순: 丶 氵 氵 沪 洒 洒 湮 湮

1급 배정한자

蚓
虫부의 4획

- 훈음: 지렁이 인
- 단어: 蚯蚓(구인) : 지렁이.
- 필순: 口 中 虫 虰 蚓 蚓

佚
人부의 5획

- 훈음: 숨을,편할 일
- 단어: 佚民(일민) : 세상을 등지고 숨어 사는 백성.
  佚樂(일락) : 편안하게 즐김.
- 필순: 亻 亻 佂 佚 佚

溢
水부의 10획

- 훈음: 넘칠 일
- 단어: 放溢(방일) : 난봉을 부리며 제 멋대로 놂.
  海溢(해일) : 바다의 큰 물결이 갑자기 육지로 넘쳐 들어옴.
- 필순: 丶 氵 氵 氵 汱 浴 溢 溢

剩
刀부의 10획

- 훈음: 남을 잉
- 단어: 剩餘(잉여) : 나머지.
  過剩(과잉) : 예정하거나 필요한 수량보다 많아 남음.
- 필순: 二 干 禾 乖 乘 乘 剩

孕
子 부의 2획

훈음: 아이밸 잉
단어: 孕胎(잉태) : 아이를 뱀.
懷孕(회잉) : 아이를 뱀.
필순: ㄋ 乃 孕 孕

仔
人 부의 3획

훈음: 자세할 자
단어: 仔詳(자상) : 차분하고 꼼꼼함.
仔細(자세) : 사소한 부분까지 아주 구체적이고 분명함.
필순: ノ 亻 亻 仔 仔

炙
火 부의 4획

훈음: 구울 자, 적
단어: 散炙(산적) : 쇠고기 등을 양념하여 꼬창이에 꿰어 구운 음식.
膾炙(회자) : 날고기와 구운 고기. 화제거리를 비유하여 말함.
필순: ク 夕 多 多 炙

煮
火 부의 9획

훈음: 삶을 자
단어: 灰煮(회자) : 잿물에 넣고 삶음.
煮醬(자장) : 장조림.
필순: 土 耂 才 者 者 者 煮 煮

1급 배정한자

瓷
瓦부의 6획

훈음: 사기그릇 자

단어:
瓷器(자기) : 사기 그릇.
青瓷(청자) : 고려 때 만든 푸른 빛깔의 자기.

필순: 冫 冫 次 次 瓷 瓷

疵
疒부의 6획

훈음: 허물 자

단어:
瑕疵(하자) : 어떤 물건이 이지러지거나 깨어지거나 상해서 생긴 자국.

필순: 亠 广 疒 疒 疵 疵 疵

蔗
艹부의 11획

훈음: 사탕수수 자

단어:
蔗糖(자당) : 사탕수수로 만든 사탕.
甘蔗(감자) : 사탕수수.

필순: 艹 艹 芦 芹 蓙 蔗 蔗

藉
艹부의 14획

훈음: 핑계할, 깔 자

단어:
憑藉(빙자) : 다른 일을 내세워 핑계함.
藉草(자초) : 돗자리를 만드는 풀.

필순: 艹 艹 芏 芏 葦 藉 藉 藉

綽

糸 부의 8획

훈음: 너그러울,얌전할 작

단어:
綽綽(작작) : 언동이나 태도 따위에 여유가 있는 모양.
綽約(작약) : 유순하고 정숙함.

필순: ㄠ 夕 糸 糸' 糸勹 綽 綽

勺

勹 부의 1획

훈음: 구기,잔 작

단어:
勺水不入(작수불입) : 음식을 조금도 먹지 못함을 이르는 말.
1작 = 1홉의 10분의 1. 1평의 100분의 1.

필순: ノ 勹 勺

灼

火 부의 3획

훈음: 불사를 작

단어:
灼灼(작작) : 꽃이 찬란하게 핀 모양.
灼熱(작열) : 몹시 뜨거움. 불에 새빨갛게 닮.

필순: ゛ 火 火 灼 灼

炸

火 부의 5획

훈음: 터질 작

단어:
炸裂(작렬) : 폭발물이 터져서 산산이 흩어짐.
炸發(작발) : 화약이 폭발함.

필순: ゛ 火 火 炸 炸 炸

1급 배정한자

芍

훈음: 함박꽃 작
단어: 芍藥(작약) : 여러해살이 풀의 하나.

艸 부의 3획

필순: 一 艹 艹 芍 芍

嚼

훈음: 씹을 작
단어: 嚼復嚼(작부작) : 맛보고 또 맛봄. 억지로 술 권할 때 쓰는 말.
咀嚼(저작) : 음식을 입에 넣고 씹음.

口 부의 18획

필순: 口 口´ 口´´ 吟 喘 嚼 嚼 嚼

鵲

훈음: 까치 작
단어: 鵲語(작어) : 까치가 우는 소리, 좋은 징조라 함.
練鵲(연작) : 때까치.

鳥 부의 8획

필순: 艹 圥 昔 昔 昔 昔 鵲 鵲

雀

훈음: 참새 작
단어: 雀躍(작약) : 참새처럼 뛰면서 기뻐함.
冠雀(관작) : 황새의 다른 이름.

隹 부의 3획

필순: 丿 小 少 少 乑 雀

棧
木 부의 8획

- **훈음**: 사다리 잔
- **단어**:
  - 棧橋(잔교) : 계곡이나 선박에서 부두로 걸쳐 놓은 다리.
  - 棧閣(잔각) : 험한 벼랑 같은 곳에 낸 길. 잔도(棧道).
- **필순**: 十 オ 木 栈 栈 栈 棧 棧

盞
皿 부의 8획

- **훈음**: 술잔 잔
- **단어**:
  - 盞臺(잔대) : 술잔을 받쳐 놓는 그릇.
  - 金盞(금잔) : 금으로 만든 술잔.
- **필순**: ㄥ ㄡ ㄡ 戔 戔 戔 盞 盞 盞

箴
竹 부의 9획

- **훈음**: 바늘, 경계할 잠
- **단어**:
  - 箴石(잠석) : 돌침.
  - 箴言(잠언) : 가르쳐서 경계가 되게 하는 말.
- **필순**: ㅅ 竹 竹 竹 筬 筬 箴 箴

簪
竹 부의 12획

- **훈음**: 비녀 잠
- **단어**:
  - 簪笏(잠홀) : 비녀와 홀. 예복. 예복을 입은 벼슬아치.
  - 玉簪(옥잠) : 옥으로 만든 비녀.
- **필순**: ㅅ 竹 竺 笁 笁 筏 筏 簪

1급 배정한자 205

仗
人부의 3획

훈음: 병장기, 의장 장
단어:
- 仗器(장기) : 전쟁에 사용되는 기구를 통틀어 이르는 말.
- 儀仗(의장) : 의식에 쓰는 무기나 물건.

필순: ノ 亻 仁 仕 仗

匠
匚부의 4획

훈음: 장인 장
단어:
- 匠人(장인) : 물건을 만드는 것을 업으로 삼는 사람.
- 巨匠(거장) : 어느 일정 분야에서 특히 뛰어난 사람.

필순: 一 T ア 下 斤 匠

杖
木부의 3획

훈음: 지팡이 장
단어:
- 棍杖(곤장) : 죄인의 볼기를 치던 형구.
- 短杖(단장) : 짧은 지팡이.

필순: 一 十 オ 木 杧 杖

檣
木부의 13획

훈음: 돛대 장
단어:
- 檣竿(장간) : 돛을 달기 위하여 배 바닥에 세운 기둥.
- 檣樓(장루) : 군함의 돛대 위에 만든 망루.

필순: 十 才 杧 柼 楿 樯 檣 檣

漿
木 부의 11획

훈음: 미음 장
단어:
漿果(장과) : 다육과의 한 가지.
漿水(장수) : 오래 끓인 좁쌀 미음.
필순: ㅣ ㅓ ㅕ ㅕ 將 將 將 漿

獐
犬 부의 11획

훈음: 노루 장
단어: 獐角(장각) : 노루의 굳은 뿔.
필순: ノ 犭 犭 犭 犭 犭 獐 獐

薔
艸 부의 13획

훈음: 장미 장
단어: 薔薇(장미) : 장미과 장미속의 관목을 통틀어 이르는 말.
필순: 一 艹 艹 艹 薔 薔 薔 薔

醬
酉 부의 11획

훈음: 간장 장
단어:
醬油(장유) : 간장과 참기름 등 식유의 총칭.
醬滓(장재) : 된장.
필순: ㅣ ㅓ ㅕ 將 將 醬 醬 醬

1급 배정한자

滓
水 부의 10획

훈음: 찌기 재

단어:
殘滓(잔재) : 남은 찌꺼기, 과거의 낡은 의식이나 생활 양식.
汁滓(즙재) : 즙을 짜낸 뒤에 남은 찌꺼기.

필순: 丶 氵 汀 沪 沖 渣 滓

齋
齋 부의 3획

훈음: 재계할, 집 재

단어:
齋戒(재계) : 부정을 피하고 심신을 깨끗이 함.
書齋(서재) : 서적을 갖추어 두고 책을 읽거나 글을 쓰는 방.

필순: 亠 亠 亣 斎 斉 齋 齋

錚
金 부의 8획

훈음: 쇳소리 쟁

단어:
錚盤(쟁반) : 납작하고 넓고 큰 그릇.
錚錚(쟁쟁) : 쇠가 울리는 소리. 인물이 뛰어남을 말함.

필순: 丿 스 金 金 釒 錚 錚 錚

咀
口 부의 5획

훈음: 씹을 저

단어:
咀嚼(저작) : 음식을 입에 넣고 씹음.

필순: 丨 口 叩 咀 咀

狙
犬 부의 5획

- **훈음**: 원숭이, 노릴 저
- **단어**:
  - 狙公(저공): 원숭이를 부리는 사람.
  - 狙擊(저격): 노려 쏘거나 냅다 침.
- **필순**: 丿 亻 犭 犭 犭 狙 狙

箸
竹 부의 9획

- **훈음**: 젓가락 저
- **단어**:
  - 匕箸(비저): 숟가락과 젓가락을 아울러 이르는 말.
  - 火箸(화저): 부젓가락.
- **필순**: ⺮ ⺮ ⺮ 笁 箸 箸 箸

猪
犬 부의 9획

- **훈음**: 멧돼지 저
- **단어**:
  - 猪突(저돌): 앞뒤 가리지 않고 막무가내로 덤벼듦.
  - 猪八戒(저팔계): 서유기에 나오는 돼지. 미련한 사람을 말함.
- **필순**: 丿 亻 犭 犭 犭 猪 猪 猪

詛
言 부의 5획

- **훈음**: 저주할 저, 조
- **단어**:
  - 詛呪(저주): 남이 못되기를 빌고 바람.
  - 謗詛(방조): 헐뜯고 욕함.
- **필순**: 丶 亠 言 訓 詛 詛

躇
足 부의 13획

훈음: 머뭇거릴 저
단어: 躊躇(주저) : 머뭇거리거나 나아가지 못하고 망설임.
필순: 口 무 足 趴 跻 踀 踷 躇

邸
邑 부의 5획

훈음: 집 저
단어:
邸宅(저택) : 규모가 큰 집.
私邸(사저) : 개인의 저택.
필순: 亠 厂 氏 氐 氐3 邸

觝
角 부의 5획

훈음: 닥뜨릴 저
단어: 觝觸(저촉) : 서로 부딪침. 모순됨.
필순: 勹 刀 角 魚 舩 觝 觝

嫡
女 부의 11획

훈음: 본마누라 적
단어:
嫡家(적가) : 서자(庶子)의 자손들이 적자손의 집을 이르는 말.
嫡子(적자) : 정실이 낳은 아들.
필순: 女 女 妡 妡 妡 嫡 嫡 嫡

狄
犬 부의 4획

훈음: 오랑캐 적

단어:
蠻狄(만적) : 오랑캐.
北狄(북적) : 북쪽의 오랑캐.

필순: ノ 丿 犭 犭 犭 狄 狄

謫
言 부의 11획

훈음: 귀양갈 적

단어:
謫居(적거) : 귀양살이를 함.
謫所(적소) : 죄인이 귀양가 있는 곳.

필순: 一 亠 言 言 諦 謫 謫 謫

迹
辶 부의 6획

훈음: 자취 적

단어:
鳥迹(조적) : 새 발자국.
迹捕(적포) : 뒤를 밟아서 잡음.

필순: 一 亣 亦 亦 汯 迹

剪
刀 부의 9획

훈음: 가위, 자를 전

단어:
剪刀(전도) : 가위.
剪枝(전지) : 초목의 가지를 가위질하여 벰.

필순: 丷 䒑 产 岢 前 剪 剪

1급 배정한자

塡
土 부의 10획

훈음: 메울 전

단어:
補塡(보전) : 부족함을 메꾸어 보충함.
充塡(충전) : 메워 채움.

필순: 十 土 十 圹 㘽 塡 塡 塡

奠
大 부의 9획

훈음: 정할, 제사지낼 전

단어:
奠都(전도) : 도읍을 정함.
釋奠(석전) : 공자를 제사 지내는 큰 제사.

필순: 丷 酋 酋 酋 酋 奠 奠

廛
广 부의 12획

훈음: 가게 전

단어:
廛鋪(전포) : 가게. 상점. 전방.
隅廛(우전) : 과실을 파는 가게.

필순: 亠 广 庐 庐 庫 廙 廛 廛

悛
心 부의 7획

훈음: 고칠 전

단어:
悛容(전용) : 잘못을 뉘우친 모양.
改悛(개전) : 잘못을 뉘우치고 마음을 바르게 고쳐 먹음.

필순: 丶 忄 忄 忄 悛 悛 悛

栓
木부의 6획

훈음 나무못, 마개 전

단어 栓木(전목) : 코르크나무의 두껍고 탄력 있는 부분.
消火栓(소화전) : 불을 끄는 수도의 급수전.

필순 十 木 朴 朴 栓 栓

氈
毛부의 13획

훈음 담요 전

단어 氈笠(전립) : 털실로 짠 갓.
花氈(화전) : 꽃무늬가 있는 털담요.

필순 亠 亣 亩 亩 㐭 亶 氊 氈

澱
水부의 13획

훈음 앙금 전

단어 澱粉(전분) : 탄수화물. 녹말.
沈澱(침전) : 액체 속에 있는 물질이 밑바닥에 가라앉음.

필순 氵 氵 氵 沪 湤 澱 澱 澱

煎
火부의 9획

훈음 지질 전

단어 煎餠(전병) : 찹쌀가루, 밀가루 등을 반죽하여 지진 떡.
花煎(화전) : 꽃을 붙여 부친 부꾸미. 꽃전.

필순 丷 亠 丷 肀 前 前 煎

1급 배정한자

癲

훈음: 미칠 전

단어:
癲癇(전간) : 간질. 지랄병.
癲狂(전광) : 미친 병. 미친 증세.

疒 부의 19획

필순: 亠 广 疒 疔 痄 痄 癲 癲 癲

箋

훈음: 주낼, 쪽지 전

단어:
箋註(전주) : 본문의 뜻을 풀이함.
箋釋(전석) : 본문의 뜻을 설명한 주석.

竹 부의 8획

필순: ⺮ ⺮ 笁 笺 笺 箋

箭

훈음: 화살 전

단어:
毒箭(독전) : 독을 바른 화살.
箭魚(전어) : 준칫과의 바닷물고기.

竹 부의 9획

필순: ⺮ ⺮ 笁 笁 笁 箭 箭 箭

篆

훈음: 전자 전

단어:
篆刻(전각) : 나무, 돌, 금속 등에 인장을 새김. 또 그런 글자. 흔히 전자(篆字)로 글을 새긴 데서 유래한다.

竹 부의 9획

필순: ⺮ ⺮ 笁 笁 笁 篆 篆 篆

纏
糸 부의 15획

훈음: 얽을 전

단어:
- 纏帶(전대) : 돈이나 물건을 넣어 지니는 양 끝이 터진 자루.
- 行纏(행전) : 바지, 고의를 입고 정강이 아래에 매는 물건.

필순: 幺 糸 紵 紵 繒 繒 纏 纏 纏

輾
車 부의 10획

훈음: 구를 전

단어:
- 輾轉(전전) : 누워서 이리저리 몸을 뒤척임.
- 輾轉反側(전전반측) : 이리저리 몸을 뒤척이며 잠을 못잠.

필순: 冖 亘 車 車 軒 軒 輾 輾

銓
金 부의 6획

훈음: 저울질할 전

단어:
- 銓衡(전형) : 사람의 됨됨이와 재주와 지능을 시험하여 뽑음. 저울.

필순: 人 全 金 釒 釒 銓

顫
頁 부의 13획

훈음: 떨 전

단어:
- 顫動(전동) : 몸을 떪.
- 手顫(수전) : 손이 떨리는 증상.

필순: 亠 亠 亩 啇 啇 亶 顫 顫

1급 배정한자

餞

食 부의 8획

- **훈음**: 보낼 전
- **단어**:
  - 餞別(전별) : 떠나는 사람을 전송함.
  - 餞送(전송) : 작별하여 보냄.
- **필순**: ⺈ 乍 亀 飠 飵 餞 餞

顚

頁 부의 10획

- **훈음**: 정수리, 넘어질 전
- **단어**:
  - 顚末(전말) : 처음과 끝.
  - 顚落(전락) : 굴러 떨어짐.
- **필순**: ⺈ 匕 旨 直 眞 眞 顚 顚

截

戈 부의 10획

- **훈음**: 끊을 절
- **단어**:
  - 斷截(단절) : 끊음.
- **필순**: 十 土 ナ 壵 雀 㦵 截 截

粘

米 부의 5획

- **훈음**: 끈끈할 점
- **단어**:
  - 粘液(점액) : 끈끈한 액체.
  - 粘着(점착) : 틈이 없이 찰싹 달라 붙음.
- **필순**: 丷 半 米 米 粘 粘

霑
雨부의 8획

훈음: 젖을 점
단어: 霑潤(점윤) : 흐뭇하게 젖음.
均霑(균점) : 평등하게 이익을 얻음.
필순: 一 牙 牙 雫 雫 霏 霑 霑

幀
巾부의 9획

훈음: 그림족자 정
단어: 幀畫(정화) : 그림으로 그려서 벽에 거는 불상. 탱화.
影幀(영정) : 화상을 그린 족자.
필순: 冂 巾 忄 帕 帕 幀

挺
手부의 7획

훈음: 빼어날, 나아갈 정
단어: 挺傑(정걸) : 남보다 훨씬 뛰어남.
挺身(정신) : 남들보다 앞서서 나아감.
필순: 一 扌 扌 扌 挺 挺

町
田부의 2획

훈음: 밭두둑 정
단어: 町步(정보) : 땅 넓이의 단위.
町畦(정휴) : 밭두둑.
필순: 冂 日 田 田 町 町

1급 배정한자

睛
目 부의 8획

훈음: 눈동자 정

단어:
目睛(목정) : 눈방울.
眼睛(안정) : 눈동자.

필순: 丨 冂 目 目˝ 睅 睛 睛

碇
石 부의 8획

훈음: 닻 정

단어: 碇泊(정박) : 배가 닻을 내리고 머무름.

필순: 丁 石 矿 矿 硚 碇

穽
穴 부의 4획

훈음: 함정 정

단어: 陷穽(함정) : 짐승 등을 잡기 위하여 파놓은 구덩이.

필순: 宀 穴 空 穽 穽

酊
酉 부의 2획

훈음: 술취할 정

단어:
酩酊(명정) : 술에 몹시 취함.
酒酊(주정) : 술에 취해 정신을 잃고 행동을 난잡하게 하는 짓.

필순: 一 丆 丙 酉 酊 酊

釘
金부의 2획

훈음 못 정

단어
釘頭(정두) : 못대가리.
蹄釘(제정) : 말굽에 편자를 박을 때 쓰는 징.

필순 ノ ト ⼷ 도 ⾦ 金 釘

錠
金부의 8획

훈음 덩어리 정

단어
錠劑(정제) : 가루나 결정성 약을 원판이나 원추 모양으로 만든 약제.

필순 ノ ト 도 金 鈩 錠 錠

靖
靑부의 5획

훈음 편안할 정

단어
靖難(정난) : 나라가 처한 병란이나 위태로운 재난을 평정함.
靖安(정안) : 어지럽던 것을 편안하게 다스림.

필순 ㆍ 立 立 立⁼ 立⁺ 靖 靖

啼
口부의 9획

훈음 울 제

단어
啼泣(제읍) : 눈물을 흘리며 욺.
啼血(제혈) : 피를 토하며 욺.

필순 ㅁ ㅁ⼾ 啼 啼 啼 啼

1급 배정한자

悌

心부의 7획

- **훈음**: 공손할 제
- **단어**:
  - 悌友(제우) : 형제나 위아래 사람 사이에서 정의가 좋음.
  - 孝悌(효제) : 부모님을 잘 섬김.
- **필순**: 丶 忄 忄 忄 悄 悌 悌

梯

木부의 7획

- **훈음**: 사다리 제
- **단어**:
  - 梯形(제형) : 사다리꼴.
  - 梯級(제급) : 사다리의 계단.
- **필순**: 十 木 木 栏 柈 梯 梯

蹄

足부의 9획

- **훈음**: 발굽 제
- **단어**:
  - 蹄鐵(제철) : 말의 발굽 밑에 박아 끼우는 쇠로 만든 굽.
  - 馬蹄(마제) : 말의 발굽.
- **필순**: 口 𠯾 𤴓 𤴔 𤴕 𤴖 蹄 蹄

凋

冫부의 8획

- **훈음**: 시들 조
- **단어**:
  - 凋落(조락) : 시들어 떨어짐.
  - 枯凋(고조) : 말라서 시듦.
- **필순**: 冫 冫 冋 冈 冽 凋 凋

220

嘲
口 부의 12획

훈음: 비웃을 조
단어:
嘲弄(조롱) : 비웃거나 깔보고 놀림.
自嘲(자조) : 스스로 자기를 비웃음.
필순: 口 叶 吽 咕 嗶 嘲 嘲

曹
日 부의 7획

훈음: 무리 조
단어:
六曹(육조) : 고려·조선 시대에 나라 일을 보던 여섯 관부.
法曹(법조) : 법관 또는 법률가를 이르는 말.
필순: 一 曰 曲 曲 曹 曹

棗
木 부의 8획

훈음: 대추 조
단어:
棗卵(조란) : 대추를 쪄서 대추 모양으로 빚어 만든 음식.
棗脩(조수) : 대추와 포(脯).
필순: 一 冂 冇 束 束 枣 枣 棗

槽
木 부의 11획

훈음: 구유 조
단어:
槽客(조객) : 언행 등이 거칠고 잡스럽게 막됨.
水槽(수조) : 물을 담는 구유처럼 생긴 큰 통.
필순: 十 木 朾 桁 槽 槽 槽 槽

1급 배정한자

漕

水부의 11획

훈음: 배저을 조
단어:
漕渠(조거) : 짐을 싣고 풀 때 배를 대기 위해 만든 깊은 개울.
漕艇(조정) : 운동이나 오락으로 보트를 저음.
필순: 冫 氵 汀 洉 漕 漕 漕 漕

爪

爪부의 0획

훈음: 손톱 조
단어:
爪甲(조갑) : 손톱이나 발톱.
爪痕(조흔) : 손톱으로 할퀸 흔적.
필순: ノ 厂 爪 爪

眺

目부의 6획

훈음: 바라볼 조
단어: 眺望(조망) : 먼 곳을 바라봄. 또는 경치.
필순: 冂 目 盯 盰 眺 眺

稠

禾부의 8획

훈음: 빽빽할 조
단어: 稠密(조밀) : 성기지 않고 빽빽함.
필순: 二 千 禾 衦 秱 稠 稠

粗
米 부의 5획

훈음: 거칠 조
단어: 粗雜(조잡) : 거칠고 어수선함.
粗精(정조) : 정밀함과 추잡함.
필순: 丷 丷 半 米 籵 籵 粗 粗

糟
米 부의 11획

훈음: 지게미 조
단어: 糟糠(조강) : 술지게미와 겨.
糟糠之妻(조강지처) : 고생하며 함께 살아온 아내.
필순: 丷 丷 半 米 米 料 糟 糟 糟

繰
糸 부의 13획

훈음: 고치켤 조
단어: 繰繭(조견) : 고치에서 실을 켬.
繰綿(조면) : 목화의 씨를 앗아 틀어 솜을 만듦.
필순: 幺 糸 糸 紀 紀 綶 繰 繰

藻
艸 부의 16획

훈음: 바다말 조
단어: 藻類(조류) : 바다 물속에서 사는 말 종류를 통틀어 이름.
綠藻(녹조) : 푸른 마름.
필순: 艹 艹 艹 莎 芦 萍 藻 藻 藻

詔
言 부의 5획

훈음: 고할 조, 소개할 소
단어: 詔命(조명) : 임금의 명령을 일반에게 알리는 문서.
詔는 紹와 같이 쓰임.
필순: 亠 言 言 訂 訊 詔

躁
足 부의 13획

훈음: 조급할 조
단어: 躁急(조급) : 참을성이 없이 매우 급함.
필순: 口 무 굔 굔 跖 踞 踔 躁

肇
聿 부의 8획

훈음: 비롯할 조
단어: 肇國(조국) : 나라가 세워짐.
肇業(조업) : 사업을 처음 시작함.
필순: 丶 尸 尸 攵 肂 肇 肇

遭
辶 부의 11획

훈음: 만날 조
단어: 遭遇(조우) : 우연히 서로 만남.
遭難(조난) : 재난을 만남.
필순: 一 戸 曲 曹 曹 曹 遭 遭

阻
阜 부의 5획

- **훈음**: 막힐, 험할 조
- **단어**:
  - 阻艱(조간) : 길이 험하여 고생됨.
  - 隔阻(격조) : 멀리 떨어져 있어 서로 왕래하지 못함.
- **필순**: 阝 阝 阣 阴 阳 阳 阻

簇
竹 부의 11획

- **훈음**: 모일, 조릿대 족
- **단어**:
  - 簇出(족출) : 떼를 지어 연달아 생겨남.
  - 簇生(족생) : 뭉쳐서 남.
- **필순**: ⺮ 竹 ⺮ 笁 笭 笶 簇 簇

猝
犬 부의 8획

- **훈음**: 갑자기 졸
- **단어**:
  - 猝富(졸부) : 벼락부자.
  - 猝地(졸지) : 갑작스러운 판국.
- **필순**: 丿 犭 犭 犳 狞 猝 猝

慫
心 부의 11획

- **훈음**: 권할 종
- **단어**:
  - 慫慂(종용) : 잘 설명하고 권함.
- **필순**: 彳 彳 彳 彶 従 従 慫 慫

腫
肉 부의 9획

훈음: 부스럼 종

단어:
筋腫(근종) : 만지면 단단한 뿌리 같은 것이 느껴지는 종기.
腫氣(종기) : 커다란 부스럼.

필순: 刀 月 旷 肝 胯 腫 腫

踵
足 부의 9획

훈음: 발꿈치 종

단어:
踵武(종무) : 뒤를 이음.
踵至(종지) : 곧 뒤를 따라옴.

필순: 口 ㅁ 呈 趵 趵 趵 踵 踵

踪
足 부의 8획

훈음: 자취 종

단어:
踪蹟(종적) : 발자취. 발자국. 행방.
失踪(실종) : 종적을 잃어서 있는 곳이나 생사를 알 수 없음.

필순: 口 ㅁ 呈 趵 趵 趵 踪

挫
手 부의 7획

훈음: 꺾을 좌

단어:
挫傷(좌상) : 기운이 꺾여 아픈 마음.
挫折(좌절) : 마음이나 기운이 꺾임.

필순: 十 扌 扑 扒 挫 挫 挫

做
人부의 9획

훈음 지을 주

단어
做作(주작): 없는 사실을 꾸며 만듦.
看做(간주): 상태, 모양, 성질 따위가 그와 같다고 봄.

필순 亻 亻 伫 佑 做 做

呪
口부의 5획

훈음 빌 주

단어
呪文(주문): 술법이나 귀신을 부릴 때 외는 문구.
詛呪(저주): 남이 안 되기를 바라고 빎.

필순 丨 口 叩 叨 呀 呪

嗾
口부의 11획

훈음 부추길 주

단어
嗾囑(주촉): 남을 부추겨서 시킴.
使嗾(사주): 남을 꾀어 좋지 못한 일을 하게 함.

필순 口 口 吩 吩 嗾 嗾 嗾

廚
广부의 12획

훈음 부엌 주

단어
廚房(주방): 음식을 만들거나 차리는 방.

필순 亠 广 庐 庐 庐 廬 廚 廚

1급 배정한자

紬
糸부의 5획

훈음 명주 주

단어
繭紬(견주) : 중국의 산둥지방에서 나는 명주.
明紬(명주) : 누에고치에서 뽑아낸 실로 무늬 없이 짠 피륙.

필순 乡 糸 糽 紃 紬 紬

註
言부의 5획

훈음 글뜻풀 주

단어
註解(주해) : 본문의 뜻을 알기 쉽게 풀이함.
脚註(각주) : 본문 밑에 적은 주해.

필순 亠 늗 言 訁 訐 註

誅
言부의 6획

훈음 벨 주

단어
誅求(주구) : 관에서 백성의 재물을 강제로 빼앗아 감.
誅戮(주륙) : 죄로 말미암아 죽임.

필순 亠 늗 言 訁 訐 誅

躊
足부의 14획

훈음 머뭇거릴 주

단어
躊躇(주저) : 머뭇거리거나 나아가지 못하고 망설임.

필순 口 무 𧾷 𧾷⁺ 躊 躊 躊 躊

輳
車부의 9획

훈음: 모일 주

단어: 輻輳(폭주) : 수레의 바퀴통에 바퀴살이 모인다는 뜻으로, 한 곳으로 많이 몰려 듦을 이르는 말.

필순: 冂 亘 車 軒 軯 輳 輳 輳

紂
糸부의 3획

훈음: 주임금 주

단어: 紂王(주왕) : 은나라 최후의 임금으로 폭군.
桀紂(걸주) : 천하의 폭군을 비유적으로 이르는 말.

필순: 幺 糸 糸 紅 紂 紂

冑
冂부의 7획

훈음: 투구 주

단어: 甲冑(갑주) : 갑옷과 투구.

필순: 冂 由 由 由 冑 冑

樽
木부의 12획

훈음: 술통 준

단어: 樽酒(준주) : 동이술. 병술.
樽機(준기) : 준화를 올려놓는 틀.

필순: 十 木 木 栌 栖 栖 樽 樽

1급 배정한자

竣
효 부의 7획

- **훈음**: 마칠 준
- **단어**:
  - 竣工(준공) : 공사를 끝마침.
  - 竣事(준사) : 하던 일을 마침.
- **필순**: 亠 㐄 立 立 竝 竣 竣

蠢
虫 부의 15획

- **훈음**: 꿈틀거릴 준
- **단어**:
  - 蠢動(준동) : 벌레 따위가 꿈적거림.
  - 蠢愚(준우) : 굼뜨고 어리석음.
- **필순**: 三 夫 夆 春 春 春 蠢 蠢

櫛
木 부의 15획

- **훈음**: 빗 즐
- **단어**:
  - 櫛比(즐비) : 빗살 모양으로 가지런하게 늘어서 있음.
  - 櫛梳(즐소) : 빗으로 빗음.
- **필순**: 十 才 木 杧 栉 桮 櫛 櫛

汁
水 부의 2획

- **훈음**: 진액 즙
- **단어**:
  - 目汁(목즙) : 눈물.
  - 果實汁(과실즙) : 과일에서 짜낸 즙.
- **필순**: 丶 丶 氵 汁 汁

茸

艸부의 9획

훈음: 기울, 지붕일 즙

단어:
修葺(수즙) : 집을 고치고 지붕을 새로 이음.
葺茅(즙모) : 띠풀로 지붕을 임.

필순: 艹 艹 芑 昔 苜 莒 葺

咫

口부의 6획

훈음: 길이, 짧을 지

단어:
咫尺(지척) : 매우 가까운 거리.
咫尺之地(지척지지) : 가까운 곳.

필순: 尸 尺 尺 咫 咫

摯

手부의 11획

훈음: 지극할, 잡을 지

단어:
眞摯(진지) : 성실한 태도로 일에 임하여 흔들리지 않음.
摯拘(지구) : 잡아 맴. 구속함.

필순: 十 土 幸 幸 執 執 摯 摯

祉

示부의 4획

훈음: 복 지

단어:
福祉(복지) : 누리는 복.

필순: 二 テ 示 礻 祉 祉

1급 배정한자

肢
肉 부의 4획

훈음: 팔다리 지
단어:
- 肢幹(지간) : 팔다리와 몸을 아울러 이르는 말.
- 四肢(사지) : 팔다리. 두 팔과 두 다리.

필순: 丿 刀 月 肝 肝 肢 肢

枳
木 부의 5획

훈음: 탱자 지
단어:
- 枳棘(지극) : 탱자나무와 가시나무의 뜻, 장애물이라는 말.
- 枳實(지실) : 덜 익은 탱자를 썰어 말린 약재.

필순: 十 木 朸 朸 枳 枳

嗔
口 부의 10획

훈음: 성낼 진
단어:
- 嗔怒(진노) : 성을 내며 노여워함. 또는 그런 감정.
- 嗔責(진책) : 성을 내어 꾸짖음.

필순: 口 吖 吖 晿 嗔 嗔

疹
疒 부의 5획

훈음: 홍역 진
단어:
- 發疹(발진) : 열로 피부에 작은 좁쌀 같은 것이 돋는 일.
- 疹恙(진양) : 피부에 반점이 생기는 병. 홍역.

필순: 亠 广 疒 疒 疹 疹

叱
口 부의 2획

훈음 꾸짖을 질
단어 面叱(면질) : 바로 맞대놓고 꾸짖음.
叱咤(질타) : 큰 소리로 꾸짖음.
필순 丨 冂 口 叱 叱

帙
巾 부의 5획

훈음 책갑 질
단어 卷帙(권질) : 책을 낱개로 세는 단위인 권과 여러 책으로 된 한 벌을 세는 단위인 질을 뜻하는 말.
필순 冂 巾 忄 帙 帙

桎
木 부의 6획

훈음 족쇄 질
단어 桎檻(질함) : 발에 칼을 씌워 감옥에 넣음.
桎梏(질곡) : 족쇄와 쇠고랑, 즉 자유를 속박당함을 말함.
필순 十 木 木 杧 栓 桎 桎

膣
肉 부의 11획

훈음 음문 질
단어 膣炎(질염) : 질 점막에 생기는 염증.
필순 刀 月 月 䏶 肪 膣 膣 膣

1급 배정한자

跌
足부의 5획

훈음 넘어질 질

단어
跌蕩(질탕) : 놀음이나 놀이가 지나쳐서 방탕에 가까움.
蹉跌(차질) : 하던 일이 계획이나 의도에서 벗어나 틀어짐.

필순 口 㕣 足 趴 趴 跌 跌

迭
辶부의 5획

훈음 바꿀 질

단어
迭代(질대) : 계속 바꾸면서 대를 이음.
更迭(경질) : 있던 사람을 갈아내고 딴 사람으로 대신함.

필순 ノ 匕 朱 失 ˋ失 佚 迭

嫉
女부의 10획

훈음 시기할 질

단어
嫉視(질시) : 시기하여 봄.
嫉妬(질투) : 자기보다 나은 사람을 시기하고 증오함.

필순 ㄑ 女 女⁻ 妒 妒 嫉 嫉 嫉

斟
斗부의 9획

훈음 짐작할, 술따를 짐

단어
斟酌(짐작) : 어림쳐서 헤아림. 술잔을 주고받음.

필순 一 卄 甘 其 甚 甚 甚 斟

朕
月 부의 6획

훈음 빌미, 나 짐

단어
朕(짐) : 임금이 자기 자신을 이르는 말.
兆朕(조짐) : 길흉이 일어날 기미가 미리 보이는 변화 현상.

필순 丿 月 𦘒 𦘒 朕 朕

什
人 부의 2획

훈음 세간 집

단어
什器(집기) : 세간 살이. 집물.
什物(집물) : 살림에 쓰이는 온갖 기구.

필순 丿 亻 亻 什

澄
水 부의 12획

훈음 맑을 징

단어
澄心(징심) : 고요하고 맑은 마음.
澄泉(징천) : 물이 맑은 샘.

필순 丶 氵 氵 汃 沊 浴 澄 澄

叉
又 부의 1획

훈음 갈래 차

단어
交叉(교차) : 서로 엇갈림.
叉路(차로) : 갈림길. 기로.

필순 𠃌 又 叉

1급 배정한자

嗟
口 부의 10획

훈음 탄식할 차

단어
哀嗟(애차) : 슬퍼하고 탄식함.
嗟嘆(차탄) : 탄식하고 한탄함.

필순 口 口゛口ᄐ 嗟 嗟 嗟 嗟

蹉
足 부의 10획

훈음 넘어질 차

단어
蹉跌(차질) : 하던 일이 계획이나 의도에서 벗어나 틀어짐.

필순 口 尸 足 足゛趺 趺 蹉 蹉

搾
手 부의 10획

훈음 짤 착

단어
搾油(착유) : 기름을 짬.
壓搾(압착) : 눌러서 짜 냄.

필순 扌 扌 扩 护 搾 搾 搾

窄
穴 부의 5획

훈음 좁을 착

단어
窄衫(착삼) : 좁은 소매.
短窄(단착) : 짧고 좁음.

필순 宀 穴 灾 空 窄 窄

鑿
金 부의 20획

훈음 뚫을 착

단어
鑿岩機(착암기) : 바위에 꾸멍을 뚫는 기계.
墾鑿(간착) : 황무지를 개간하고 도랑을 팜.

필순 业 业 芈 嵤 斵 斵 鏧 鑿

撰
手 부의 12획

훈음 지을 찬

단어
撰述(찬술) : 책을 지음. 저술.
杜撰(두찬) : 전거나 출처가 확실하지 못한 저술.

필순 扌 扌 扌 扌 扌 扌 扌 撰

簒
竹 부의 10획

훈음 빼앗을 찬

단어
簒立(찬립) : 임금의 자리를 빼앗고 자기가 그 자리에 들어섬.
簒奪(찬탈) : 임금의 자리를 빼앗음.

필순 ㅅ ⺮ 竹 筲 筲 箟 箟 簒

纂
糸 부의 14획

훈음 모을 찬

단어
纂輯(찬집) : 글을 모아서 책을 엮음.
編纂(편찬) : 모은 자료를 엮어서 책을 펴냄.

필순 ㅅ ⺮ 竹 筲 筲 箟 箟 纂

饌
食부의 12획

훈음: 반찬 찬

단어:
糧饌(양찬) : 양식과 반찬.
饌槲(찬장) : 주방 기기를 넣어 두는 곳.

필순: ⺈ 𠂊 𩙿 𩛲 𩜆 饌 饌 饌

擦
手부의 14획

훈음: 문지를 찰

단어:
擦傷(찰상) : 스쳐서 벗겨진 상처.
摩擦(마찰) : 서로 닿아서 비빔.

필순: 扌 扩 扩 护 挓 挓 擦 擦

僭
人부의 12획

훈음: 주제넘을 참

단어:
僭濫(참람) : 분수없이 예의에 거슬림.
僭稱(참칭) : 분에 넘치는 칭호.

필순: 亻 亻 𠈌 𠉂 𠉡 僭 僭

塹
土부의 11획

훈음: 구덩이 참

단어:
塹壕(참호) : 성의 둘레에 설비한 구덩이. 땅을 파고 만든 좁고 기다란 홈.

필순: 一 亓 亘 車 斬 斬 斬 塹

懺
心 부의 17획

훈음 뉘우칠 참

단어 懺悔(참회) : 과거의 잘못을 깨달아서 뉘우침.

필순 忄 忄 忏 忏 懺 懺 懺 懺

站
立 부의 5획

훈음 역마을 참

단어 兵站(병참) : 작전군을 위해 후방에 주둔하는 모든 기관.
站站(참참) : 이따금 쉬는 사이.

필순 丶 亠 立 站 站 站

讒
言 부의 17획

훈음 헐뜯을,참소할 참

단어 讒誣(참무) : 없는 말을 지어내어 남을 헐뜯음.
讒訴(참소) : 남을 헐뜯어 윗사람에게 일러바침.

필순 言 言 言 訁 訁 諚 諚 讒

讖
言 부의 17획

훈음 예언서 참

단어 讖書(참서) : 예언에 관한 책.
圖讖(도참) : 장래의 일을 예언한 책.

필순 言 言 訁 訐 訐 諧 諧 讖

1급 배정한자

倡
人부의 8획

훈음 천할,광대 창

단어
倡夫(창부) : 사내 광대.
倡被(창피) : 체면이 구겨지거나 부끄럽게 됨.

필순 亻 亻' 佀 倡 倡

娼
女부의 8획

훈음 창녀 창

단어
娼家(창가) : 몸을 파는 기생의 집.
娼女(창녀) : 몸을 파는 여자.

필순 女 女 奵 妇 娼 娼

廠
广부의 12획

훈음 헛간 창

단어
工廠(공창) : 철공물을 만드는 공장.
廠獄(창옥) : 죄인을 가두던 감옥.

필순 亠 广 广 庁 府 庿 廎 廠

愴
心부의 10획

훈음 슬퍼할 창

단어
愴然(창연) : 몹시 슬퍼하는 모양.
悲愴(비창) : 마음이 몹시 상하고 슬픔.

필순 丶 忄 忄 怜 怜 愴 愴 愴

槍
木 부의 10획

훈음: 창 창
단어:
- 槍劍(창검) : 창과 칼.
- 投槍(투창) : 창을 던지는 운동 경기.

필순: 一 十 才 木 朴 松 枪 梌 槍 槍

漲
水 부의 11획

훈음: 물넘칠 창
단어:
- 漲溢(창일) : 물이 범람하여 넘침.

필순: 丶 氵 汜 沪 泥 浘 浘 漲

猖
犬 부의 8획

훈음: 미쳐날뛸 창
단어:
- 猖獗(창궐) : 좋지 못한 병이나 세력이 걷잡을 수 없이 퍼져서 자꾸 일어남.

필순: 丿 犭 犯 犯 狎 猖

瘡
疒 부의 10획

훈음: 부스럼 창
단어:
- 疳瘡(감창) : 매독으로 음부에 부스럼이 생기는 병.
- 腫瘡(종창) : 부스럼. 종기.

필순: 亠 广 疒 疒 疼 疼 痞 瘡

1급 배정한자

脹
肉 부의 8회

훈음: 부을 창

단어:
脹滿(창만) : 배가 부름. 배가 부풀어 오르는 병.
膨脹(팽창) : 부풀어 확장됨.

필순: 丿 月 𰯲 𰰀 脹 脹 脹

艙
舟 부의 10회

훈음: 부두, 갑판밑 창

단어:
船艙(선창) : 배가 닿고 짐을 싣고 할 수 있게 된 곳.
艙底(창저) : 배 밑창.

필순: 丿 月 舟 舟 舟 舟 舟 艙

菖
艸 부의 8회

훈음: 창포 창

단어:
菖蒲(창포) : 다년생 식물의 하나.
白菖(백창) : 창포 품종의 하나.

필순: 艹 艹 芦 苩 菖 菖

寨
宀 부의 11회

훈음: 울타리 채

단어:
寨內(채내) : 성과 요새의 안.
木寨(채내) : 나무로 된 울타리.

필순: 宀 宀 宙 宝 㝩 寨 寨

柵
木 부의 5획

훈음 울타리 책

단어
柵門(책문) : 울타리의 문.
竹柵(죽책) : 대로 말뚝을 박거나 대로 둘러막은 울타리.

필순 一 十 木 机 枊 枏 柵 柵

凄
冫 부의 8획

훈음 쓸쓸할 처

단어
凄凉(처량) : 매우 쓸쓸함.
凄切(처절) : 몹시 처량함.

필순 冫 冫 冫 冫 冫 凄 凄 凄

擲
手 부의 15획

훈음 던질 척

단어
擲柶(척사) : 윷놀이.
投擲(투척) : 던짐.

필순 一 十 扌 扩 护 捛 擂 摣 摜 擲

滌
水 부의 11획

훈음 씻을 척

단어
滌蕩(척탕) : 더러움을 씻어 없앰. 망하여 없어짐.
洗滌(세척) : 깨끗이 빨거나 씻음.

필순 冫 冫 冫 氵 冫 浐 浐 滌 滌 滌

1급 배정한자

瘠
广 부의 10획

훈음: 파리할, 메마를 척

단어:
肥瘠(비척) : 몸의 살찜과 야윔.
瘠土(척토) : 메마른 땅.

필순: 亠 广 疒 疒 疥 瘠 瘠 瘠

脊
肉 부의 6획

훈음: 등성마루 척

단어:
脊髓(척수) : 등골. 등뼈.
脊椎(척추) : 등골뼈로 이루어진 등마루.

필순: ⺀ ⺀⺀ 八 八 脊 脊

喘
口 부의 9획

훈음: 헐떡일 천

단어:
喘氣(천기) : 천식 같은 증세.
喘息(천식) : 기관지에 경련이 생기는 병.

필순: 口 口' 吵 唞 喘 喘

擅
手 부의 13획

훈음: 멋대로 천

단어:
擅斷(천단) : 자기 단독 의견대로 처단함.
擅橫(천횡) : 제멋대로 함. 전횡.

필순: 十 扌 扩 护 捛 擅 擅 擅

穿
穴부의 4획

훈음: 뚫을 천

단어:
- 穿孔(천공) : 구멍을 뚫음.
- 貫穿(관천) : 속까지 뚫음.

필순: 宀 宂 空 空 穿 穿

闡
門부의 12획

훈음: 밝힐 천

단어:
- 闡明(천명) : 겉으로 드러내어 밝힘.
- 闡揚(천양) : 겉으로 드러내어 널리 퍼지게 함.

필순: 丨 卩 門 門 門 門 閂 闡

凸
凵부의 3획

훈음: 볼록할 철

단어:
- 凹凸(요철) : 오목하게 들어감과 불룩하게 나온 모양.

필순: 丨 丨 几 凸 凸

綴
糸부의 8획

훈음: 엮을 철

단어:
- 綴字(철자) : 자음과 모음을 맞추어 글자를 만드는 일.
- 點綴(점철) : 점을 찍은 듯이 여기저기 이어져 있음.

필순: 乡 夅 糸 糸 紗 紗 綴 綴

1급 배정한자

轍
車 부의 12획

훈음: 바퀴자국 철

단어:
前轍(전철) : 이미 지나간 바퀴 자국. 앞사람의 실패.
轉轍(전철) : 선로의 갈림길에서 갈려 가도록 궤도를 돌림.

필순: 冂 亘 車 軎 軗 軗 轍 轍

僉
人 부의 11획

훈음: 다 첨

단어:
僉意(첨의) : 여러 사람의 의견.
僉位(첨위) : 여러분.

필순: 人 亼 合 命 僉 僉

籤
竹 부의 17획

훈음: 제비 첨

단어:
當籤(당첨) : 추첨에 당선됨.
抽籤(추첨) : 제비를 뽑음.

필순: ㇓ 竹 竹 筡 筡 籤 籤 籤

諂
言 부의 8획

훈음: 아첨할 첨

단어:
諂笑(첨소) : 아양떨며 웃음.
阿諂(아첨) : 남의 비위를 맞추어 알랑거리는 짓.

필순: 亠 言 訁 訁 訡 諂 諂

帖
巾 부의 5획

훈음 문서 첩

단어
帖子(첩자) : 수첩. 장부.
度帖(도첩) : 새로 중이 되었을 때 나라에서 주는 허가증.

필순 丨 巾 巾 帖 帖 帖

捷
手 부의 8획

훈음 빠를, 이길 첩

단어
捷徑(첩경) : 지름길.
捷報(첩보) : 싸움에 이겼다는 소식.

필순 丨 扌 扌 扫 捍 捷 捷

牒
片 부의 9획

훈음 편지 첩

단어
譜牒(보첩) : 족보로 만든 책.
請牒(청첩) : 경사가 있을 때 남을 초청하는 글.

필순 丨 丬 片 片 片 牒 牒 牒

疊
田 부의 17획

훈음 겹칠 첩

단어
積疊(적첩) : 차곡차곡 쌓임.
重疊(중첩) : 거듭 겹쳐지거나 겹침.

필순 田 田 畀 畾 畾 畾 疊 疊

1급 배정한자

貼
貝 부의 6획

훈음: 붙을 첩

단어:
貼付(첩부): 착 들러붙게 붙임.
粉貼(분첩): 분을 바를 때 쓰이는 제구.

필순: 丨 目 貝 貼 貼 貼

涕
水 부의 7획

훈음: 눈물 체

단어:
涕淚(체루): 울어서 흐르는 눈물.
涕泣(체읍): 눈물을 흘리며 슬프게 욺.

필순: 丶 氵 氵 氵 涕 涕 涕

諦
言 부의 9획

훈음: 뜻, 살필 체

단어:
四諦(사체): 영원히 변하지 않는 네 가지 성스러운 진리.
諦念(체념): 희망을 버리고 생각하지 않음.

필순: 丶 言 言 言 訁 諦 諦 諦

憔
心 부의 12획

훈음: 파리할 초

단어:
憔悴(초췌): 병 또는 고생으로 얼굴이 상하고 몸이 마름.

필순: 丶 忄 忄 忄 忄 惟 憔 憔

梢
木 부의 7획

훈음: 나무끝 초
단어: 梢頭(초두) : 나뭇가지의 끝.
末梢(말초) : 끝으로 갈려 나간 가는 가지.
필순: 一 十 才 木 木' 朴 梢 梢

樵
木 부의 12획

훈음: 땔나무 초
단어: 樵童(초동) : 땔나무를 하러 다니는 아이.
樵夫(초부) : 나무꾼.
필순: 一 十 才 木 杧 枾 椎 樵 樵

炒
火 부의 4획

훈음: 볶을 초
단어: 炒麵(초면) : 기름에 볶은 밀국수.
蜜炒(밀초) : 약초에 꿀을 발라서 불에 볶음.
필순: 丶 火 灿 炒 炒

硝
石 부의 7획

훈음: 초석 초
단어: 硝石(초석) : 무색 또는 백색의 광택이 있는 결정체의 광물.
硝酸(초산) : 질산.
필순: 丆 石 石' 矿 硝 硝

1급 배정한자

礁

石 부의 12획

- **훈음**: 암초 초
- **단어**:
  - 暗礁(암초) : 물에 잠겨 보이지 않는 바위. 뜻하지 않은 장애.
  - 環礁(환초) : 고리 모양을 이룬 산호초.
- **필순**: 丆 石 矴 矴 碓 碓 礁

稍

禾 부의 7획

- **훈음**: 점점 초
- **단어**:
  - 稍遠(초원) : 조금 멂.
  - 稍解(초해) : 겨우 앎. 겨우 이해함.
- **필순**: 二 千 禾 利 利 秆 稍

蕉

艸 부의 12획

- **훈음**: 파초 초
- **단어**:
  - 蕉葉(초엽) : 파초의 잎. 작은 술잔 이름.
  - 芭蕉(파초) : 파초과에 속하는 다년생 풀.
- **필순**: 亠 艹 艿 𦫿 萑 蕉 蕉

貂

豸 부의 5획

- **훈음**: 담비 초
- **단어**:
  - 狗貂(구초) : 개와 담비.
  - 貂尾(초미) : 담비의 꼬리.
- **필순**: ⺈ 豸 豸 豹 豹 貂 貂

醋
酉 부의 8획

훈음: 초 초
단어: 醋酸(초산) : 자극성의 냄새와 신맛이 있는 무색의 액체, 탄소.
食醋(식초) : 먹는 초.
필순: 一 丙 酉 酉⼂ 酉⺊ 酉⺊ 醋 醋

囑
口 부의 21획

훈음: 부탁할 촉
단어: 囑望(촉망) : 잘 되기를 바라고 기대함.
囑託(촉탁) : 일을 부탁하여 맡김. 임시직에 있는 사람.
필순: 口 吖 吚 嘱 嘱 嘱 囑

忖
心 부의 3획

훈음: 헤아릴 촌
단어: 忖度(촌탁) : 남의 마음을 미루어 살핌.
필순: ノ 丶 忄 忄 忖 忖

叢
又 부의 16획

훈음: 모일 총
단어: 叢論(총론) : 여러 가지 문장, 논의를 모아 놓은 글.
叢書(총서) : 여러 권의 책을 모아 한 질을 이룸.
필순: 丨 丷 丵 丵 丵 丵 叢 叢

塚
土 부의 10획

- **훈음**: 무덤 총
- **단어**:
  - 古塚(고총) : 오래 된 무덤.
  - 貝塚(패총) : 고대 사람이 먹고 버린 조가비의 무더기.
- **필순**: 十 土 圹 坏 坏 塚 塚

寵
宀 부의 16획

- **훈음**: 사랑할 총
- **단어**:
  - 寵愛(총애) : 특히 귀엽게 여겨 사랑함.
  - 聖寵(성총) : 임금의 은총.
- **필순**: 宀 宀 宀 宀 宠 宠 寵 寵

撮
手 부의 12획

- **훈음**: 사진찍을, 취할 촬
- **단어**:
  - 撮影(촬영) : 어떤 물체의 형상을 사진이나 영화로 찍음.
  - 撮要(촬요) : 요점을 골라 취함.
- **필순**: 扌 扌 扩 押 挕 撮 撮 撮

墜
土 부의 12획

- **훈음**: 떨어질 추
- **단어**:
  - 墜落(추락) : 높은 곳에서 떨어짐.
  - 擊墜(격추) : 적의 비행기 따위를 쳐서 떨어뜨림.
- **필순**: 阝 阝 阝 阡 阼 隊 隊 墜

樞
木부의 11획

훈음 지도리 추

단어
樞機(추기) : 사물의 긴하고 중요한 곳.
要樞(요추) : 가장 중요한 부분.

필순 十 木 朽 朽 柩 柩 樞 樞

芻
艸부의 4획

훈음 꼴 추

단어
騎芻(기추) : 말을 타고 달리면서 활을 쏨.
反芻(반추) : 되새김.

필순 ㄱ 勹 刍 刍 芻 芻

酋
酉부의 2획

훈음 우두머리 추

단어
酋長(추장) : 미개인의 생활 집단의 우두머리.

필순 丷 父 酋 酋 酋

鰍
魚부의 9획

훈음 미꾸라지 추

단어
鰍魚(추어) : 미꾸라지.
鰍魚湯(추어탕) : 미꾸라지국. 추탕.

필순 夕 鱼 魚 魰 魰 鰍 鰍 鰍

1급 배정한자

椎
木부의 8획

훈음 몽치, 등뼈 추

단어 鐵椎(철추) : 쇠몽치.
脊椎(척추) : 등골뼈로 이루어진 등마루.

필순 十 木 札 村 朽 椎 椎

錐
金부의 8획

훈음 송곳 추

단어 方錐(방추) : 네모진 송곳.
立錐(입추) : 송곳을 세움.

필순 丿 牟 金 釗 釴 銉 錐 錐

錘
金부의 8획

훈음 저울추 추

단어 紡錘(방추) : 물레의 가락.
秤錘(칭추) : 저울추.

필순 丿 牟 金 釒 釪 鉎 錘 錘

鎚
金부의 10획

훈음 쇠망치 추

단어 鎚殺(추살) : 쇠망치로 쳐 죽임.
鐵鎚(철추) : 쇠망치.

필순 丿 牟 金 釘 鉅 鎚 鎚 鎚

黜

黑 부의 5획

훈음: 내칠 출

단어:
- 黜斥(출척): 내쫓고 쓰지 아니함.
- 放黜(방출): 물리쳐 내쫓음.

필순: 口 曰 甲 里 黑 黑' 黑 黜

悴

心 부의 8획

훈음: 파리할 췌

단어:
- 盡悴(진췌): 마음과 힘을 다함.
- 憔悴(초췌): 파리하고 해쓱함.

필순: 丶 忄 忄 忄 忄 忄 悴

萃

艸 부의 8획

훈음: 모일 췌

단어:
- 萃聚(췌취): 모임. 모음.
- 拔萃(발췌): 여럿 속에서 훨씬 뛰어남.

필순: 艹 艹 艹 艹 荻 萃

贅

貝 부의 11획

훈음: 혹, 데릴사위 췌

단어:
- 贅言(췌언): 쓸데없는 군더더기 말.
- 贅壻(췌서): 데릴사위.

필순: 士 圭 圭 敖 敖 敖 贅

1급 배정한자

膵

肉 부의 12획

훈음 췌장 췌
단어 膵臟(췌장) : 위의 아래쪽에 위치한 암황색 기관. 이자.
필순 刀 月 刖 刖" 刖芦 刖芦 膵 膵

翠

羽 부의 8획

훈음 비취색 취
단어 翠色(취색) : 남색과 푸른 색의 중간 색.
綠翠(녹취) : 푸른 빛깔.
필순 丁 기 키丁 키키 쬐쿠 쬐쿠 쬐쿠 翠

娶

女 부의 8획

훈음 장가들 취
단어 娶妻(취처) : 아내를 얻음. 장가를 듦.
嫁娶(가취) : 시집가고 장가듦.
필순 厂 耳 耳 取 娶 娶

脆

肉 부의 6획

훈음 무를 취
단어 脆薄(취박) : 무르고 얇음. 경솔함.
脆弱(취약) : 무르고 약함.
필순 刀 月 肞 肞 脆 脆

惻

心 부의 9획

훈음: 슬퍼할 측
단어:
惻隱(측은) : 가엾고 애처로움.
悽惻(처측) : 비통하여 한탄함.
필순: 丶 忄 忄 忄 惻 惻 惻

侈

人 부의 6획

훈음: 사치할 치
단어:
奢侈(사치) : 필요 이상의 돈이나 물건을 쓰거나 분수에 지나친 생활을 함.
필순: 亻 亻 亻 侈 侈

幟

巾 부의 12획

훈음: 기 치
단어:
旗幟(기치) : 군대 등에서 쓰는 온갖 기. 사상이나 이념 등을 비유적으로 쓰는 말.
필순: 冂 巾 忄 忄 帕 帕 幟 幟

熾

火 부의 12획

훈음: 맹렬할 치
단어:
熾熱(치열) : 열이 매우 높음. 매우 뜨거움.
熾烈(치열) : 형세가 불붙듯이 썩 맹렬함.
필순: 丶 火 炉 炉 焙 焙 熾 熾

1급 배정한자

痔
疒 부의 6획

훈음 치질 치
단어 痔疾(치질) : 항문의 안팎에 나는 병의 총칭.
牡痔(모치) : 수치질.
필순 亠 广 疒 疒 疒 痔 痔 痔

嗤
口 부의 10획

훈음 비웃을 치
단어 嗤侮(치모) : 비웃고 업신여김.
嗤笑(치소) : 비웃음.
필순 丨 口 口 口" 吵 噹 嗤 嗤

痴
疒 부의 8획

훈음 어리석을 치
단어 痴情(치정) : 남녀 사이의 사랑에 생기는 온갖 어지러운 정.
白痴(백치) : 지능 정도가 아주 낮은 사람.
필순 亠 广 疒 疒 疾 痴 痴

緻
糸 부의 10획

훈음 빽빽할 치
단어 緻密(치밀) : 자상하고 꼼꼼함. 피륙 같은 것이 배고 톡톡함.
精緻(정치) : 정교하고 치밀함.
필순 幺 糸 糸 紆 絚 絚 緻 緻

馳
馬 부의 3획

훈음 달릴 치

단어
馳突(치돌) : 힘차게 돌진함.
背馳(배치) : 반대쪽으로 향하여 어긋남.

필순 厂 ㄣ 厈 馬 馬 馴 馳 馳

勅
力 부의 7획

훈음 칙서 칙

단어
勅令(칙령) : 임금의 명령.
勅書(칙서) : 임금의 명령을 적은 문서.

필순 一 口 束 束 勅 勅

砧
石 부의 5획

훈음 다듬잇돌 침

단어
砧石(침석) : 다듬이질을 할 때 밑에 받치는 돌.
砧聲(침성) : 다듬이질 소리.

필순 厂 石 矵 砧 砧 砧

鍼
金 부의 9획

훈음 침 침

단어
鍼術(침술) : 침으로 병을 고치는 재주.
直鍼(직침) : 피부에 수직이 되게 침을 꽂는 방법.

필순 ノ 乍 金 釒 針 鈂 鍼 鍼

1급 배정한자

蟄
虫부의 11획

훈음: 숨을 칩
단어:
- 蟄居(칩거): 나가서 하는 일 없이 집안에 있음.
- 驚蟄(경칩): 24절기의 세 번째 3월 5일경.

필순: 十 幸 幸 執 執 蟄 蟄 蟄

秤
禾부의 5획

훈음: 저울 칭
단어:
- 秤錘(칭추): 저울추.
- 大秤(대칭): 백근까지 달 수 있는 큰 저울.

필순: 二 千 禾 秆 秆 秤

唾
口부의 8획

훈음: 침 타
단어:
- 唾棄(타기): 침을 뱉어 버리는 것과 같이 버리고 돌보지 않음.
- 唾液(타액): 침.

필순: 丨 口 口̄ 吒 唾 唾

惰
心부의 9획

훈음: 게으를 타
단어:
- 惰性(타성): 굳어진 버릇. 현 상태를 그대로 유지하려는 성질.
- 傲惰(오타): 교만하고 게으름.

필순: 丶 忄 忄 忄 惰 惰 惰

椿
木부의 9획

훈음 길쭉할 타
단어 楕圓(타원) : 길고 둥근 원.
필순 十 木 㭉 㭉 㭉 楕 楕

舵
舟부의 5획

훈음 키 타
단어 柁와 同字.
舵手(타수) : 선박에서 키를 맡아보는 선원.
필순 ′ 凢 月 舟 舟′ 舟ᄃ 舵 舵

陀
阜부의 5획

훈음 험할 타
단어 범어(梵語)의 'da'의 음역 글자.
佛陀(불타) : '석가모니'의 다른 이름.
필순 ⻖ 阝 阝′ 阝ᄃ 陀 陀

駝
馬부의 5획

훈음 낙타, 타조 타
단어 駱駝(낙타) : 낙타과의 짐승을 통틀어 이르는 말.
駝鳥(타조) : 새의 한 종류.
필순 厂 F 馬 馬 駝 駝 駝

1급 배정한자

擢
手 부의 14획

훈음 뽑을 탁

단어
簡擢(간탁) : 여럿 중에서 골라 뽑음.
拔擢(발탁) : 여럿 중에서 골라 뽑아서 씀.

필순 亅 扌 扌' 扌" 扌"' 扞 挦 擢

鐸
金 부의 13획

훈음 방울 탁

단어
木鐸(목탁) : 절에서 불공이나 염불을 할 때 치는 기구.

필순 丿 牟 金 釒 鐸 鐸 鐸 鐸

吞
口 부의 4획

훈음 삼킬 탄

단어
甘吞苦吐(감탄고토) : 달면 삼키고, 쓰면 뱉음.
竝吞(병탄) : 남의 것을 아울러서 아주 제 것으로 만들어 버림.

필순 一 二 チ 天 吞 吞

坦
土 부의 5획

훈음 평탄할 탄

단어
坦坦(탄탄) : 평탄하고 넓은 모양.
順坦(순탄) : 길이 험하지 않고 평탄하고 순조로움.

필순 一 十 土 坦 坦 坦

憚

心 부의 12획

훈음: 꺼릴 탄

단어:
忌憚(기탄) : 꺼림. 어려워함.
嚴憚(엄탄) : 삼가고 꺼림.

필순: 丶 忄 忄' 忄'' 忄''' 忄'''' 愕 憚

綻

糸 부의 8획

훈음: 터질 탄

단어:
綻露(탄로) : 남 몰래 숨어서 하던 일이 세상에 드러남.
破綻(파탄) : 일이 잘못됨. 찢어지고 터짐.

필순: 乡 幺 糸 糹 綻 綻 綻 綻

眈

目 부의 4획

훈음: 노려볼 탐

단어:
眈溺(탐닉) : 어떤 일을 몹시 즐겨서 거기에 정신이 빠짐.
虎視眈眈(호시탐탐) : 범이 먹이를 노려봄.

필순: 冂 月 目 旷 旷 眈

搭

手 부의 10획

훈음: 탈 탑

단어:
搭乘(탑승) : 배나 비행기, 차 따위에 올라탐.
搭載(탑재) : 짐을 실음.

필순: 丨 扌 扌 扩 扶 搭 搭

1급 배정한자

宕

宀 부의 5획

훈음: 호탕할, 탕건 탕

단어:
豪宕(호탕) : 기품이 호걸스러움.
宕巾(탕건) : 갓 아래 받쳐 쓰는 관의 일종.

필순: 丶 宀 宀 宕 宕 宕

蕩

艸 부의 12획

훈음: 방탕할 탕

단어:
蕩兒(탕아) : 난봉꾼.
放蕩(방탕) : 주색잡기에 빠져 행실이 좋지 못함.

필순: 艹 艹 艹 艻 荨 荨 蕩 蕩

汰

水 부의 4획

훈음: 씻을 태

단어:
淘汰(도태) : 부당한 것은 망하고, 적당한 것은 남음.
沙汰(사태) : 비가 와서 비탈이 무너짐.

필순: 丶 冫 氵 汁 汏 汰

笞

竹 부의 4획

훈음: 볼기칠 태

단어:
笞刑(태형) : 매로 볼기를 치는 형벌.
撻笞(달태) : 볼기를 때림.

필순: 𠂉 𠂉 竹 竹 竺 笞

苔
艸부의 5획

- **훈음**: 이끼 태
- **단어**: 苔蘚(태선) : 이끼.
  海苔(해태) : 김.
- **필순**: 十 艹 艺 苍 苔

跆
足부의 5획

- **훈음**: 밟을 태
- **단어**: 跆拳道(태권도) : 무술의 한 가지. 우리나라 고유의 무술.
- **필순**: 口 구 무 趴 趴 跆

撐
手부의 12획

- **훈음**: 버틸 탱
- **단어**: 支撐(지탱) : 오래 버텨 나감.
- **필순**: 十 扌 扩 扩 扩 拌 撐 撐

攄
手부의 15획

- **훈음**: 펼 터
- **단어**: 攄得(터득) : 생각하여 이치를 깨달아 알아냄.
  攄懷(터회) : 마음 속에 품은 생각을 털어 놓고 이야기함.
- **필순**: 扌 扩 扩 扩 据 攄 攄 攄

1급 배정한자

慟
心부의 11획

훈음 애통할 통

단어 慟哭(통곡) : 소리 높여 섧게 욺.
悲慟(비통) : 슬프고 애통함.

필순 丶 忄 忄 忙 㤗 㦛 慟 慟

桶
木부의 7획

훈음 통 통

단어 水桶(수통) : 물을 담아 두는 통.
鐵桶(철통) : 쇠붙이로 만든 통. 준비나 대책이 빈틈 없음.

필순 十 木 㭔 柊 桶 桶

筒
竹부의 6획

훈음 대통 통

단어 連筒(연통) : 홈통.
筆筒(필통) : 붓을 꽂아 두는 통.

필순 𠂉 𠂉 𥫗 𥫗 筒 筒

堆
土부의 8획

훈음 쌓을 퇴

단어 堆肥(퇴비) : 풀, 짚 또는 가축의 배설물 따위를 썩힌 거름.
堆積(퇴적) : 많이 덮쳐 쌓임.

필순 十 土 圤 圹 垆 堆 堆

槌
木 부의 10획

훈음: 몽둥이 퇴, 추
단어:
鐵槌(철퇴): 쇠몽치.
槌碎(추쇄): 망치로 쳐부숨.
필순: 十 木 扌 朽 柏 柏 槌 槌

褪
衣 부의 10획

훈음: 바랠 퇴
단어:
褪色(퇴색): 빛이 바램.
褪紅(퇴홍): 바래서 엷은 붉은색.
필순: 丁 衤 衤 衤 衤 衤 衤 褪 褪

腿
肉 부의 10획

훈음: 넓적다리 퇴
단어:
腿骨(퇴골): 다리뼈.
大腿(대퇴): 넓적다리.
필순: 月 月 月ㅋ 胆 胆 胆 腿 腿

頹
頁 부의 7획

훈음: 무너질 퇴
단어:
頹落(퇴락): 무너져 떨어짐.
崩頹(붕퇴): 무너짐.
필순: 二 千 禾 秃 秃 秃 頹 頹

1급 배정한자

套

大 부의 7획

훈음: 덮개, 버릇 투

단어:
封套(봉투) : 편지를 써서 넣고 봉하는 봉지.
常套(상투) : 늘 하는 버릇.

필순: 一 大 本 奆 套 套

妬

女 부의 5획

훈음: 샘낼 투

단어:
妬忌(투기) : 시기함.
嫉妬(질투) : 시기하고 샘냄.

필순: ㄥ 女 女 女 妬 妬

慝

心 부의 11획

훈음: 사특할 특

단어:
姦慝(간특) : 간사하고 마음속이 나쁨.
邪慝(사특) : 요사하고 간특함.

필순: 一 ㄈ ㄈ 芋 萅 匿 匿 慝

婆

女 부의 8획

훈음: 할미 파

단어:
老婆(노파) : 늙은 여자.
産婆(산파) : 아이 낳는 일을 도와 주는 여자.

필순: 丶 氵 汈 沪 波 婆 婆

巴

己부의 1획

- **훈음**: 땅이름, 뱀 파
- **단어**: 巴豆(파두) : 대극과의 상록 활엽 관목.
  巴蛇(파사) : 뱀의 일종.
- **필순**: 一 コ 巴 巴

爬

爪부의 4획

- **훈음**: 긁을 파
- **단어**: 爬痒(파양) : 가려운 데를 긁음.
  爬蟲(파충) : 파충류.
- **필순**: 厂 爪 爪 爬 爬 爬

琶

玉부의 8획

- **훈음**: 비파 파
- **단어**: 琵琶(비파) : 현악기의 한 가지.
- **필순**: 丁 王 玨 珏 琵 琶 琶

芭

艸부의 4획

- **훈음**: 파초 파
- **단어**: 芭椒(파초) : 초피나무의 열매 껍질을 한방에서 이르는 말.
  芭蕉(파초) : 파초과의 다년생 풀.
- **필순**: 十 廿 艹 苎 芭 芭

1급 배정한자

跛

足 부의 5획

훈음 절름발이 파

단어 跛立(파립) : 한 다리만으로 서고 한 다리는 들고 있음.
跛行(파행) : 절뚝거리며 걸어감.

필순 口 甲 宁 足 𧾷 跙 趵 跛 跛

愎

心 부의 9획

훈음 괴팍할 퍅

단어 剛愎(강퍅) : 성미가 깔깔하고 고집이 세며 까다로움.
乖愎(괴팍) : 붙임성 없이 깔깔하고 성을 잘 내며 까다로움.

필순 丶 忄 忄 忄 恒 愎 愎

辦

辛 부의 9획

훈음 힘쓸 판

단어 辦備(판비) : 마련하여 준비함.
買辦(매판) : 상품을 사들이는 일을 맡은 사람.

필순 亠 立 辛 勃 勃 辨 辦

佩

人 부의 6획

훈음 찰 패

단어 佩物(패물) : 몸에 차는 장식물. 노리개.
玉佩(옥패) : 여자들이 지니는 옥으로 만든 패물.

필순 亻 亻 仃 佩 佩 佩

唄
口 부의 7획

훈음: 염불소리 패
단어:
- 唄讚(패찬): 부처의 공덕을 기리는 노래.
- 梵唄(범패): 불경 읽는 소리.

필순: 口 口 叭 咀 唄 唄

悖
心 부의 7획

훈음: 거스를 패
단어:
- 悖倫(패륜): 인륜에 어그러짐.
- 行悖(행패): 체면에 어그러지는 버릇없는 짓.

필순: 丶 忄 忄 忏 悖 悖

沛
水 부의 5획

훈음: 늪,비쏟아질 패
단어:
- 沛然(패연): 비가 많이 오는 모양.
- 沛澤(패택): 숲이 있고 물이 있는 곳.

필순: 丶 氵 汀 汀 沛 沛

牌
片 부의 8획

훈음: 패 패
단어:
- 祿牌(녹패): 녹을 받는 이에게 증거로 주던 종이로 만든 표.
- 門牌(문패): 주소나 성명 등을 써서 대문 옆에 다는 작은 패.

필순: 丿 片 片 片 牌 牌 牌 牌

1급 배정한자

稗
禾부의 8획

훈음 피, 작을 패

단어
稗飯(패반) : 피밥.
稗史(패사) : 소설과 같은 체로 쓴 역사.

필순 二 千 禾 和 秆 秤 稗 稗

澎
水부의 12획

훈음 물결칠 팽

단어
澎潭(팽담) : 물이 서로 부딪치는 모양.
澎湃(팽배) : 큰 물결이 맞부딪쳐 솟구침.

필순 丶 氵 汁 洪 洁 渲 澎 澎

膨
肉부의 12획

훈음 불룩해질 팽

단어
膨脹(팽창) : 부풀어서 띵띵함. 물체의 길이나 부피가 커짐.
膨膨(팽팽) : 한껏 부풀어서 띵띵해짐.

필순 刂 月 肚 胪 胪 胪 膨 膨

鞭
革부의 9획

훈음 채찍 편

단어
鞭撻(편달) : 채찍질함. 경계하고 격려함.
敎鞭(교편) : 가르칠 때 교사가 가지는 회초리.

필순 艹 芇 苎 革 靪 靪 鞭 鞭

騙

馬 부의 9획

훈음: 속일 편

단어:
騙取(편취) : 속여서 남의 것을 빼앗음.
欺騙(기편) : 속임.

필순: ｜ 厂 F 丐 馬 馬 馬 馬 馬 騙

貶

貝 부의 5획

훈음: 낮출 폄

단어:
貶降(폄강) : 관직을 깎아 낮춤.
貶論(폄론) : 남을 헐뜯어 하는 말.

필순: ｜ 目 貝 貶 貶 貶

萍

艸 부의 8획

훈음: 부평초 평

단어:
浮萍草(부평초) : 개구리밥.
萍水相逢(평수상봉) : 개구리밥이 떠돌다 만나듯, 우연히 만남.

필순: 艹 艹 艹 艹 艹 萍 萍 萍

斃

攴 부의 14획

훈음: 죽을 폐

단어:
斃死(폐사) : 쓰러져 죽음.
疲斃(피폐) : 지쳐 죽음.

필순: 冂 币 疒 敝 敝 斃 斃 斃

1급 배정한자

圃
口부의 7획

훈음: 채마밭 포
단어:
- 圃師(포사): 채마밭을 가꾸는 사람. 포인.
- 圃田(포전): 채소밭. 남새밭.

필순: 冂 冋 同 同 甫 甫 圃

庖
广부의 5획

훈음: 부엌 포
단어:
- 庖廚(포주): 소나 돼지 따위의 짐승을 잡아 그 고기를 파는 가게. 푸줏간. 정육점.

필순: 亠 广 广 庀 庖 庖

泡
水부의 5획

훈음: 거품 포
단어:
- 氣泡(기포): 액체나 고체 속에 기체가 거품처럼 부푼 것.
- 水泡(수포): 물거품. 헛된 것을 비유하는 말.

필순: 丶 冫 氵 氿 泃 泡

疱
疒부의 5획

훈음: 부풀 포
단어:
- 疱瘡(포창): 천연두.
- 水疱(수포): 살가죽이 부풀어 속에 장액(漿液)이 잡힌 것.

필순: 亠 广 疒 疠 疱 疱

1급 배정한자

脯
肉 부의 7획

- **훈음**: 포 포
- **단어**: 肉脯(육포) : 쇠고기를 얇게 저미어 말린 포.
- **필순**: 刀 月 戶 肑 胙 脯 脯

蒲
艹 부의 10획

- **훈음**: 부들, 창포 포
- **단어**: 蒲席(포석) : 부들 자리.
  菖蒲(창포) : 천남성과의 여러해살이 풀.
- **필순**: 艹 艹 艹 芹 茆 蒲 蒲

袍
衣 부의 5획

- **훈음**: 두루마기 포
- **단어**: 道袍(도포) : 옛날 평상시에 예복으로 입던 겉옷.
  龍袍(용포) : 천자가 입던 정복.
- **필순**: ㄱ ㄤ ㄤ 衤 衤 袍 袍

褒
衣 부의 9획

- **훈음**: 기릴 포
- **단어**: 褒賞(포상) : 칭찬하고 권장하여 상을 줌.
  褒貶(포폄) : 칭찬함과 나무람.
- **필순**: 一 宀 疒 疼 裖 褒 褒 褒

逋

辶부의 7획

훈음 달아날 포

단어
逋逃(포도) : 죄를 저지르고 도망감.
逋脫(포탈) : 도망하여 빠져나감.

필순 一 丆 🈚 甫 甫 浦 浦 逋

曝

日부의 15획

훈음 쬘 폭, 포

단어
曝白(포백) : 베, 무명 따위를 삶아 빨아서 볕에 바램.
曝書(폭서) : 서책을 햇볕에 말리고 바람을 쐼.

필순 冂 日 日⁷ 日⁸ 昗 㬢 㬢 曝

瀑

水부의 15획

훈음 폭포 폭, 소나기 포

단어
瀑布(폭포) : 물이 곧장 쏟아져 내리는 높은 절벽.
瀑雨(포우) : 소나기.

필순 氵 氵 氵 㳆 㵀 㵋 瀑 瀑

剽

刀부의 11획

훈음 빼앗을 표

단어
剽襲(표습) : 남의 것을 슬그머니 자기 것으로 함.
剽竊(표절) : 남의 시가나 글 따위를 제가 지은 것처럼 발표함.

필순 一 覀 覀 覀 票 票 票 剽

1급 배정한자

慓
心부의 11획

훈음: 빠를 표
단어: 慓毒(표독) : 사납고 독살스러움.
필순: 丶 忄 忄 忄 忄 忄 慓 慓

豹
豸부의 3획

훈음: 표범 표
단어: 豹變(표변) : 허물을 고쳐 말과 행동이 뚜렷이 달라짐.
豹皮(표피) : 표범의 털가죽.
필순: 丶 丷 豸 豸 豸 豹 豹

飄
風부의 11획

훈음: 나부낄 표
단어: 飄然(표연) : 바람에 나부끼는 모양. 훌쩍 떠나는 모양.
飄風(표풍) : 신라 때에 귀금이 지었다고 하는 가야금 곡조.
필순: 襾 襾 西 票 票 飄 飄 飄

稟
禾부의 8획

훈음: 여쭐, 바탕 품
단어: 稟議(품의) : 어른이나 상사에게 글이나 말로 여쭙고 의논함.
氣稟(기품) : 날 때부터 타고난 기질과 성품.
필순: 亠 亠 向 向 㐭 㐭 稟 稟

諷

言부의 9획

훈음: 욀, 빗대어말할 풍

단어:
- 諷詠(풍영) : 시가 등을 외어서 읊음.
- 諷刺(풍자) : 무엇에 빗대고 비유하는 뜻, 남의 결점을 말함.

필순: 亠 亍 言 訊 訊 諷 諷 諷

披

手부의 5획

훈음: 헤칠 피

단어:
- 披瀝(피력) : 속마음을 다 털어 놓음.
- 猖披(창피) : 모양이 험상궂거나 아니꼬움에 대한 부끄러움.

필순: 扌 扌 扩 扩 护 披

疋

疋부의 0획

훈음: 필 필

단어:
- 疋木(필목) : 목으로 짠 무명의 총칭.
- 疋帛(필백) : 명주실로 무늬 없이 짠 피륙.

필순: 一 丁 下 疋 疋

乏

ノ부의 4획

훈음: 모자랄 핍

단어:
- 缺乏(결핍) : 축나서 모자라고 없어짐.
- 窮乏(궁핍) : 곤궁하고 가난함.

필순: 一 丶 乍 乍 乏

1급 배정한자

逼 辶부의 9획	훈음: 가까울 핍 단어: 逼迫(핍박) : 바싹 가까이 닥쳐와서 형편이 매우 절박함. 逼眞(핍진) : 실물과 아주 흡사함. 필순: 一 一 一 丁 亨 畐 畐 福 逼	

瑕 玉부의 9획	훈음: 티 하 단어: 瑕尤(하우) : 잘못. 과실. 瑕疵(하자) : 흠. 결점. 필순: 一 T 王 玗 玗 玡 玡 瑕	

蝦 虫부의 9획	훈음: 새우 하 단어: 大蝦(대하) : 왕새우. 糠蝦(강하) : 보리새우. 필순: 口 中 虫 虷 虷 虷 蚵 蝦	

遐 辶부의 9획	훈음: 멀 하 단어: 遐鄕(하향) : 서울에서 멀리 떨어진 곳. 昇遐(승하) : 먼 곳에 오른다는 뜻으로, 임금의 죽음을 뜻함. 필순: 丨 卩 厈 严 叚 叚 遐 遐	

霞 雨부의 9획	훈음	**노을 하**
	단어	霞彩(하채) : 노을의 아름다운 색깔. 夕霞(석하) : 해질 무렵의 안개.
	필순	一 中 帝 雫 霏 霄 霄 霞

謔 言부의 9획	훈음	**희롱할 학**
	단어	謔笑(학소) : 희롱하여 웃음. 諧謔(해학) : 익살스럽고 재미있는 농담. 유머.
	필순	一 亠 言 訁 訐 謔 謔 謔

瘧 疒부의 9획	훈음	**학질 학**
	단어	瘧疾(학질) : 일정한 시간이 되면 주기적으로 오한이 나고 발열하는 병.
	필순	广 疒 疒 疒 疒 疟 瘧 瘧

壑 土부의 14획	훈음	**골짜기 학**
	단어	丘壑(구학) : 언덕과 골짜기를 아우르는 말. 萬壑千峰(만학천봉) : 수많은 골짜기와 산봉우리.
	필순	卜 卢 虍 虎 睿 叡 壑 壑

1급 배정한자

澣
水 부의 13획

훈음 빨래할 한

단어 澣衣(한의) : 옷을 빪.
澣滌(한척) : 옷이나 그릇을 빨고 씻음.

필순 氵 汁 浐 浐 浐 澣 澣 澣

悍
心 부의 7획

훈음 사나울 한

단어 勁悍(경한) : 사납고 거침.
慓悍(표한) : 날래고 사나움.

필순 丶 忄 忄 悍 悍 悍 悍

罕
网 부의 3획

훈음 드물 한

단어 罕例(한예) : 드문 전례(前例).
稀罕(희한) : 흔하지 않고 썩 드묾.

필순 冖 冖 罒 罒 罕 罕

轄
車 부의 10획

훈음 다스릴 할

단어 管轄(관할) : 거느리어 감독함.
直轄(직할) : 직접 다스림.

필순 厂 亓 亘 車 軒 軠 轄 轄

函
ㄴ부의 6획

- **훈음**: 함 함
- **단어**:
  - 函籠(함롱) : 함과 농.
  - 玉函(옥함) : 옥으로 만든 함.
- **필순**: ㄱ 了 핏 氶 丞 函

喊
口부의 9획

- **훈음**: 소리칠 함
- **단어**:
  - 喊聲(함성) : 여러 사람이 함께 높이 지르는 고함 소리.
  - 高喊(고함) : 높게 질러 내는 소리.
- **필순**: 丨 口 吖 吖 咸 喊 喊

檻
木부의 14획

- **훈음**: 우리 함
- **단어**:
  - 獸檻(수함) : 짐승의 우리.
  - 桎檻(질함) : 발에 칼을 씌워 감옥에 넣음.
- **필순**: 木 木 札 杯 栢 榃 檻 檻

涵
水부의 8획

- **훈음**: 젖을 함
- **단어**:
  - 涵養(함양) : 자연적으로 차차 길러냄.
  - 包涵(포함) : 널리 모아 쌈.
- **필순**: 丶 氵 汀 沪 汤 浘 涵

1급 배정한자

緘

糸부의 9획

훈음 봉할 함

단어
緘口(함구) : 입을 다물고 말하지 않음.
謹緘(근함) : 삼가 봉함의 뜻, 편지 겉봉 봉한 자리에 쓰는 말.

필순 幺 纟 糸 糹 紅 紓 絨 緘 緘

銜

金부의 6획

훈음 재갈, 직함 함

단어
銜勒(함륵) : 재갈. 말 입에 물리는 쇠로 만든 물건.
名銜(명함) : 자기의 성명, 주소, 직업, 신분 등을 박은 종이쪽.

필순 彡 彳 彳 衣 衤 徉 徣 銜 銜

鹹

鹵부의 9획

훈음 짤 함

단어
鹹淡(함담) : 짠맛과 싱거운 맛을 아울러 이르는 말.
鹹水(함수) : 짠 물. 바닷물.

필순 卜 内 肉 卥 鹵 鹵 鹹 鹹

盒

皿부의 6획

훈음 합 합

단어
飯盒(반합) : 밥을 지을 수 있게 알루미늄으로 만든 밥그릇.
香盒(향합) : 제사 때 향을 담는 합.

필순 人 스 合 合 盒 盒

蛤

虫부의 6획

- **훈음**: 조개 합
- **단어**:
  - 蛤仔(합자) : 참조개.
  - 白蛤(백합) : 조개의 한 종류.
- **필순**: 口 口 中 虫 蚣 蛤 蛤

缸

缶부의 3획

- **훈음**: 항아리 항
- **단어**:
  - 缸胎(항태) : 오지그릇의 한 가지.
  - 魚缸(어항) : 물고기를 기르는 데 쓰는 유리로 만든 항아리.
- **필순**: ノ 一 午 缶 缸 缸

肛

肉부의 3획

- **훈음**: 항문 항
- **단어**:
  - 肛門(항문) : 고등 포유동물의 소화기 말단에 있는 구멍.
  - 脫肛(탈항) : 치질 등의 이유로 항문이 빠지는 증세.
- **필순**: 丿 刀 月 月 肛 肛

偕

人부의 9획

- **훈음**: 함께 해
- **단어**:
  - 偕樂(해락) : 여러 사람과 함께 즐거워하는 일.
  - 偕老(해로) : 부부가 함께 늙어감.
- **필순**: 亻 亻 仳 仳 偕 偕

1급 배정한자

咳
口 부의 6획

훈음: 기침 해
단어: 咳嗽(해수) : 가래가 끓고 심하게 하는 기침. '咳'는 기침, '嗽'는 가래가 끓는 증상.
필순: 丨 口 口⁻ 口⁻ 咳 咳

懈
心 부의 13획

훈음: 게으를 해
단어: 懈弛(해이) : 마음이 느슨해짐.
懈怠(해태) : 게으름. 태만함.
필순: 丶 忄 忄 忄 悁 悄 懈 懈

楷
木 부의 9획

훈음: 해서 해
단어: 楷書(해서) : 한자 글씨체의 한 가지.
필순: 十 木 杧 栌 栌 楷 楷

諧
言 부의 9획

훈음: 화할,희롱할 해
단어: 諧謔(해학) : 익살스럽고 취미있는 농담.
諧和(해화) : 서로 화합함.
필순: 丶 亠 言 訁 諩 諧 諧 諧

邂
辶부의 13획

훈음: 만날 해
단어: 邂逅(해후) : 오랫동안 헤어졌다가 뜻밖에 다시 만남.
필순: 〃 夕 角 鈩 魠 解 邂 邂

駭
馬부의 6획

훈음: 놀랄 해
단어: 駭怪(해괴) : 매우 괴상하고 이상야릇함.
駭人耳目(해인이목) : 해괴한 짓으로 사람을 놀라게 함.
필순: 丆 厓 馬 馬 馬 馬 駭

骸
骨부의 6획

훈음: 뼈 해
단어: 骸骨(해골) : 죽은 사람의 살이 썩고 남은 뼈.
形骸(형해) : 사람의 몸과 뼈.
필순: 冂 冖 冎 骨 骨 骸 骸

劾
力부의 6획

훈음: 캐물을 핵
단어: 彈劾(탄핵) : 죄상을 들어서 책망함. 신분이 보장된 고급 공무원의 위법을 조사하여 처벌, 또는 파면하는 절차.
필순: 亠 亠 亥 亥 劾 劾

1급 배정한자

嚮
口 부의 16획

훈음 향할 향

단어
嚮日(향일) : 해를 향함.
嚮導(향도) : 길을 안내함.

필순 乡 纩 纩 鄉 鄉 鄉 嚮 嚮

饗
食 부의 13획

훈음 잔치할 향

단어
饗宴(향연) : 특별히 융숭하게 손님을 대접하는 잔치.
歆饗(흠향) : 신이 제물을 받아서 먹음.

필순 乡 纩 纩 鄉 饗 饗 饗 饗

噓
口 부의 12획

훈음 불,거짓말할 허

단어
噓風扇(허풍선) : 숯불을 일구는 손풀무의 일종.
吹噓(취허) : 남이 잘한 것을 과장되게 칭찬하여 천거함.

필순 口 吖 吖 噓 噓 噓 噓

墟
土 부의 12획

훈음 터 허

단어
郊墟(교허) : 마을 가까이에 있는 들과 언덕.
廢墟(폐허) : 허물어져 황폐한 빈 터.

필순 十 圹 圹 圹 墟 墟 墟

歇
欠 부의 9획

훈음: 쉴, 값쌀 헐
단어:
- 間歇(간헐): 얼마 동안의 시간을 두고 쉬는 일을 되풀이함.
- 歇價(헐가): 싼 값.

필순: 口 日 弓 号 曷 歇 歇

眩
目 부의 5획

훈음: 어지러울 현
단어:
- 眩氣症(현기증): 어지러운 증세.
- 迷眩(미현): 정신이 헷갈려 헤맴.

필순: 丨 冂 目 目 旷 眩 眩

絢
糸 부의 6획

훈음: 무늬 현
단어:
- 絢爛(현란): 눈이 부시도록 찬란함.

필순: 乡 纟 糸 約 約 絢

衒
行 부의 5획

훈음: 자랑할 현
단어:
- 衒言(현언): 뽐내는 말.
- 衒學(현학): 스스로 자기 학문을 뽐냄.

필순: 彳 彳 彳 衍 衒 衒 衒

俠

人 부의 7획

훈음 호협할 협

단어
俠客(협객) : 호협한 기개를 지닌 사람.
俠氣(협기) : 호협한 기상.

필순 亻 亻 仁 仦 俠 俠

挾

手 부의 7획

훈음 낄 협

단어
挾攻(협공) : 사이에 두고 양쪽에서 들이침.
挾感(협감) : 감기에 걸림.

필순 丁 才 扩 扩 拡 挾

狹

犬 부의 7획

훈음 좁을 협

단어
狹量(협량) : 도량이 좁음.
狹小(협소) : 아주 좁음.

필순 丿 犭 犭 犭 犴 狹 狹

頰

頁 부의 7획

훈음 뺨 협

단어
緩頰(완협) : 부드러운 얼굴로 온건하게 천천히 말함.
紅頰(홍협) : 붉은 뺨. 연지를 바른 뺨.

필순 一 ㄅ 夾 夾 夾 頰 頰 頰

荊
艸부의 6획

훈음 가시 형

단어
荊棘(형극) : 나무의 가시.
荊艾(형애) : 가시나무와 쑥이라는 뜻으로, '잡초'를 말함.

필순 亠 艹 芐 芫 荊 荊

彗
크부의 8획

훈음 **별이름,비로쓸 혜**

단어
彗星(혜성) : 긴 꼬리를 끌며 지나가는 별. 살별.
彗掃(혜소) : 비로 쓸어 깨끗하게 함.

필순 三 丰 圭 韦 彗 彗 彗

醯
酉부의 12획

훈음 초 혜

단어
食醯(식혜) : 쌀밥에 엿기름 가루 우린 물을 부어 삭힌 음식.
脯醯(포혜) : 포와 식혜.

필순 冂 西 酉 酉 酢 醉 醯 醯

弧
弓부의 5획

훈음 활 호

단어
弧矢(호시) : 활과 화살.
括弧(괄호) : 문장 부호의 하나 중 묶음표.

필순 冫 弓 弓 弧 弧 弧

1급 배정한자

狐
犬 부의 5획

훈음: 여우 호

단어:
狐疑(호의) : 의심이 많고 우유부단함.
白狐(백호) : 북극의 흰 여우.

필순: ノ 犭 犭 犭 犳 狐 狐

琥
玉 부의 8획

훈음: 호박 호

단어:
琥珀(호박) : 지질 시대 나무의 진 따위가 땅속에 묻혀서 탄소, 수소, 산소 따위와 화합하여 굳어진 누런색 광물.

필순: 一 王 王 圹 琥 琥

瑚
玉 부의 9획

훈음: 산호 호

단어:
珊瑚(산호) : 자포동물 산호충강의 산호류를 통틀어 이르는 말. 보석.

필순: 一 王 王 珏 珐 瑚 瑚

糊
米 부의 9획

훈음: 풀칠할 호

단어:
糊口(호구) : 입에 풀칠을 함. 가난한 살림살이를 비유함.
含糊(함호) : 말을 입속에서 중얼거리며 분명하지 아니함.

필순: 丷 半 米 籵 粘 糊 糊

渾
水부의 9획

훈음: 흐릴, 모두 혼

단어:
渾濁(혼탁) : 흐림.
渾身(혼신) : 온 몸의 힘을 다함.

필순: 丶 氵 沪 沪 渭 渲 渾

笏
竹부의 4획

훈음: 홀 홀

단어:
玉笏(옥홀) : 옥으로 꾸민 홀.
投笏(투홀) : 홀을 내던짐. 벼슬을 그만둠.

필순: 𠂉 𠂉 𥫗 𥫗 笏 笏

惚
心부의 8획

훈음: 황홀할 홀

단어:
恍惚(황홀) : 눈이 부심.

필순: 丶 忄 忄 惚 惚 惚

虹
虫부의 3획

훈음: 무지개 홍

단어:
虹蜺(홍예) : 무지개.
霧虹(분홍) : 무지개.

필순: 丨 口 中 虫 虹 虹

1급 배정한자

哄
口 부의 6획

훈음 떠들 홍

단어 哄笑(홍소) : 소리 높여 웃음.
喧哄(사홍) : 소란하게 함.

필순 丨 口 口一 吖 哄 哄

訌
言 부의 3획

훈음 어지러울 홍

단어 訌阻(홍조) : 굴하지 않고 떠들어댐.
內訌(내홍) : 내부에서 자기네끼리 일으킨 분쟁.

필순 丶 二 言 訂 訌

喚
口 부의 9획

훈음 부를 환

단어 喚起(환기) : 사라지려는 기억을 불러 일으킴.
叫喚(규환) : 부르짖고 외침.

필순 丨 口 吖 吩 哈 唤 喚

宦
宀 부의 6획

훈음 벼슬,내시 환

단어 宦族(환족) : 대대로 벼슬하는 집안.
宦官(환관) : 불알이 없이 궁내에서 일하는 사람.

필순 丶 宀 宁 宇 宦 宦

鰥 魚부의 10획	훈음	홀아비 환
	단어	鰥居(환거) : 아내를 잃고 혼자 사는 홀아비. 免鰥(면환) : 홀아비가 장가를 들어 홀아비 신세를 면함.
	필순	⺈ 夕 刍 魚 魚 魿 鰥 鰥 鰥

驩 馬부의 18획	훈음	기뻐할 환
	단어	歡과 같은 뜻으로 쓰임. 交驩(교환) : 서로 사귀며 즐거움을 나눔.
	필순	丆 馬 馬 馬 馿 驩 驩 驩

猾 犬부의 10획	훈음	교활할 활
	단어	姦猾(간활) : 간사하고 교활함. 狡猾(교활) : 간사한 꾀가 많음.
	필순	丿 犭 犭 犭 犭 犭 犭 猾 猾

闊 門부의 9획	훈음	넓을 활
	단어	闊達(활달) : 마음이 넓고, 작은일에 개의하지 않음. 空闊(공활) : 텅 비고 매우 넓음.
	필순	丨 冂 冂 門 門 門 閂 闊 闊

1급 배정한자

凰
几부의 9획

- **훈음**: 봉황새 황
- **단어**: 鳳凰(봉황) : 상서로움을 상징하는 상상의 새.
- **필순**: 几 凡 凡 凤 凰 凰 凰

煌
火부의 9획

- **훈음**: 빛날 황
- **단어**: 煌煌(황황) : 눈부시게 빛나는 모양.
  輝煌(휘황) : 광채가 눈부시게 빛남.
- **필순**: 丷 火 炉 炉 焊 煌

遑
辶부의 9획

- **훈음**: 허둥거릴, 겨를 황
- **단어**: 遑急(황급) : 몹시 어수선하고 급박함.
  未遑(미황) : 미처 겨를을 내지 못함.
- **필순**: 勹 白 㠯 皇 㞬 徨 遑

徨
彳부의 9획

- **훈음**: 거닐 황
- **단어**: 彷徨(방황) : 마음을 정하지 못하여 이리저리 거닒. 목적을 정하지 못하고 갈팡질팡함.
- **필순**: 彳 彳 彳 彳 徨 徨

恍
心부의 6획

훈음 황홀할 황

단어 恍惚(황홀) : 눈이 부심.

필순 丶 忄 忄 忄 忄 恍

惶
心부의 9획

훈음 두려워할 황

단어 惶恐(황공) : 위엄이나 지위에 눌려 두려워함.
唐惶(당황) : 어리둥절 하거나 다급하여 어찌할 바를 모름.

필순 丶 忄 忄 忄 悍 惶

慌
心부의 10획

훈음 다급할 황

단어 慌忙(황망) : 바빠서 어찌할 줄을 모름.
恐慌(공황) : 두려움과 공포로 생기는 심리적 불안 상태.

필순 丶 忄 忄 忄 忄 忄 慌 慌

恢
心부의 6획

훈음 클, 돌이킬 회

단어 恢宏(회굉) : 넓음.
恢復(회부) : 쇠퇴해진 것을 이전 상태와 같이 돌이켜 놓음.

필순 丶 忄 忄 忄 恢 恢

1급 배정한자

晦
日 부의 7획

훈음 그믐, 어두울 회

단어 晦日(회일) : 그믐날.
蔽晦(폐회) : 덮어 어둡게 함.

필순 丨 日 旷 昣 晦 晦 晦

繪
糸 부의 13획

훈음 그림 회

단어 繪塑(회소) : 흙으로 만들어 색칠한 인형.
繪畵(회화) : 온갖 그림을 가르키는 말.

필순 纟 纟 糸 紦 給 繪 繪 繪

膾
肉 부의 13획

훈음 회 회

단어 膾炙(회자) : 회와 구운 고기, 즉 사람의 입에 자주 오르내림.
魚膾(어회) : 생선회.

필순 丿 月 肸 肸 脍 膾 膾 膾

徊
彳 부의 6획

훈음 어정거릴 회

단어 徊翔(회상) : 새가 날면서 빙빙 도는 모양. 벼슬이 높아짐.
徘徊(배회) : 목적 없이 어떤 곳을 이리저리 거니는 것.

필순 丿 彳 彳丨 彳冂 徊 徊

蛔
虫부의 6획

훈음: 회충 회

단어:
- 蛔藥(회약) : 회충을 구제하는 약.
- 蛔蟲(회충) : 회충과의 회충 따위를 통틀어 이르는 말. 거위.

필순: 口 中 虫 虮 蚵 蛔

誨
言부의 7획

훈음: 가르칠 회

단어:
- 誨言(회언) : 가르치는 말.
- 誨諭(회유) : 일깨움.

필순: 亠 言 言 訁 誨 誨 誨

賄
貝부의 6획

훈음: 뇌물 회

단어:
- 贈賄(증회) : 뇌물을 줌.
- 收賄(수회) : 뇌물을 받음.

필순: 冂 目 貝 貝 貯 財 賄 賄

哮
口부의 7획

훈음: 으르렁거릴 효

단어:
- 哮喘(효천) : 해수병. 천식.
- 咆哮(포효) : 범, 사자 따위의 사나운 짐승이 소리를 지름.

필순: 丨 口 叶 吵 哮 哮

1급 배정한자

嗅
口 부의 10획

훈음 맡을 후

단어 嗅覺(후각) : 냄새를 맡는 감각.
嗅官(후관) : 냄새를 맡는 기관, 즉 코를 이름.

필순 ㅁ ㅁ' 叺 咱 咱 嗅 嗅

朽
木 부의 2획

훈음 쇠할, 썩을 후

단어 老朽(노후) : 낡아서 못쓰게 됨.
不朽(불후) : 썩어 없어지지 않음.

필순 一 十 才 木 木 朽

逅
辶 부의 6획

훈음 만날 후

단어 邂逅(해후) : 오랫동안 헤어졌다가 뜻밖에 다시 만남.

필순 厂 斤 斤 后 后 逅 逅

暈
日 부의 9획

훈음 무리, 어지러울 훈

단어 暈圍(훈위) : 해나 달의 언저리에 보이는 둥근 무리.
眩暈(현훈) : 정신이 어지러움.

필순 ㅁ 日 旦 昇 昌 暈 暈

1급 배정한자

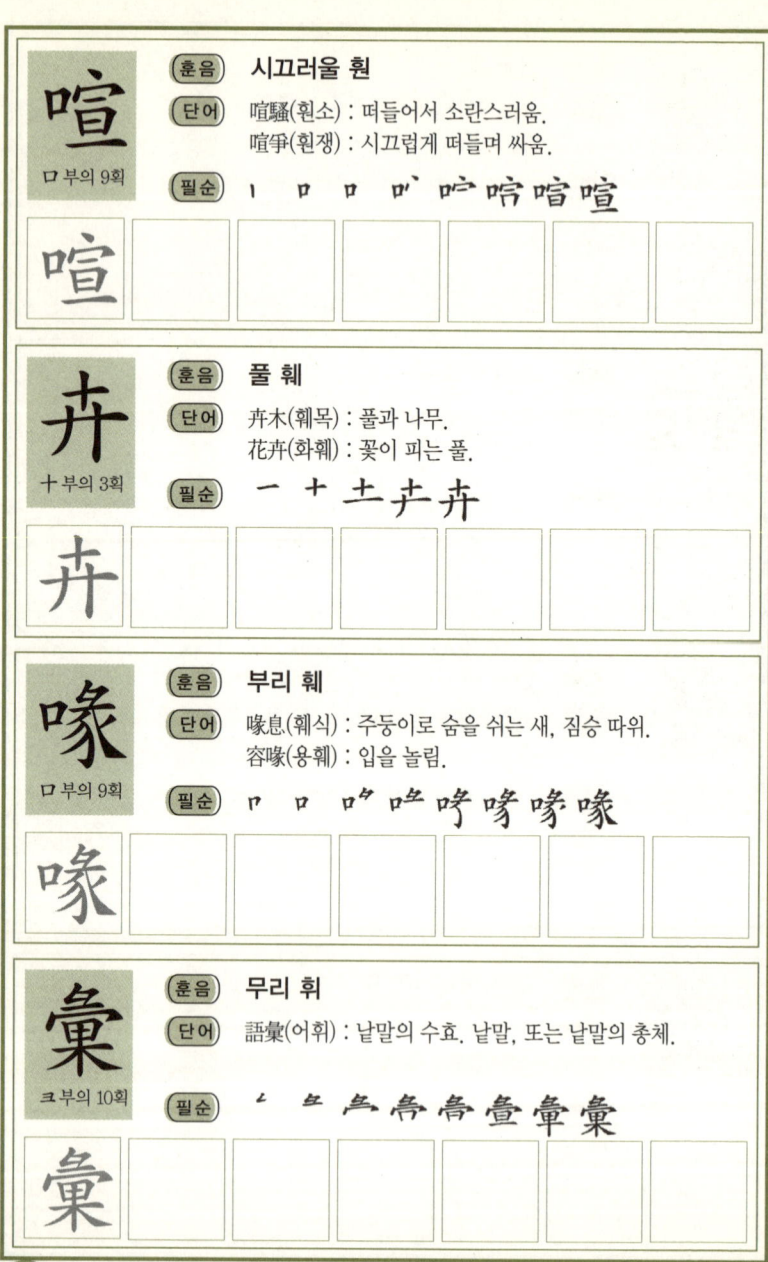

諱
言 부의 9회

훈음 꺼릴 휘

단어
諱日(휘일) : 조상의 제삿날.
忌諱(기휘) : 꺼리어 싫어함.

필순 亠 亠 言 訁 計 詳 諱 諱

卉
广 부의 12회

훈음 대장기 휘

단어
卉木(훼목) : 풀과 나무.
花卉(화훼) : 꽃이 피는 풀.

필순 亠 广 广 庀 府 麻 麾 麾

恤
心 부의 6회

훈음 가엾이여길 휼

단어
恤兵(휼병) : 전쟁에 나간 병사에게 금품을 보내어 위로함.
救恤(구휼) : 재난 당한 사람이나 빈민을 구제함.

필순 丶 忄 忄 忄 恤 恤

兇
儿 부의 4회

훈음 흉할 흉

단어
兇彈(흉탄) : 흉한이 쏜 총탄.
兇漢(흉한) : 흉악한 행동을 하는 사람.

필순 丿 乂 凶 凶 兇 兇

1급 배정한자

洶

水 부의 6획

- **훈음**: 용솟음칠 흉
- **단어**: 洶湧(흉용) : 용솟음쳐 흐르는 물이 세참. 술렁술렁하여 들끓는 기세가 높음.
- **필순**: 丶 丶 氵 氵 汅 洶 洶

欣

欠 부의 4획

- **훈음**: 기쁠 흔
- **단어**: 欣感(흔감) : 기쁘게 감동함.
  欣快(흔쾌) : 마음이 기쁘고 시원함.
- **필순**: 丿 厂 斤 斤 欣 欣

痕

疒 부의 6획

- **훈음**: 흔적 흔
- **단어**: 傷痕(상흔) : 다친 자리의 흉터.
  刀痕(도흔) : 칼로 벤 뒤 칼날에 남은 흔적.
- **필순**: 亠 广 疒 疒 疒 疖 痕

欠

欠 부의 0획

- **훈음**: 하품, 모자랄 흠
- **단어**: 欠伸(흠신) : 하품과 기지개.
  無欠(무흠) : 흠이 없음.
- **필순**: 丿 丿 欠 欠

歆
欠 부의 9획

훈음: 흠향할 흠
단어:
歆嘗(흠상) : 신에게 제물을 바치고 제사지냄.
噫歆(희흠) : 제사 때, 신에게 흠향의 뜻을 알리는 기침소리.
필순: 一 立 亨 音 歆 歆 歆

恰
心 부의 6획

훈음: 마치 흡
단어: 恰似(흡사) : 거의 같게 비슷함.
필순: 丶 忄 忄 恰 恰 恰

洽
水 부의 6획

훈음: 젖을,흡족할 흡
단어:
洽汗(흡한) : 땀에 흠뻑 젖음.
未洽(미흡) : 마음에 넉넉하지 못하거나 흡족하지 못함.
필순: 丶 氵 氵 汐 洽 洽

犧
牛 부의 16획

훈음: 희생 희
단어: 犧牲(희생) : 어떤 목적을 위해 자신의 것을 바치거나 버림. 제물로 쓰는 짐승.
필순: 丿 牛 牛 牪 犠 犠 犧

1급 배정한자

詰
言부의 6획

훈음: 꾸짖을 힐

단어:
詰難(힐난) : 잘못을 따져 비난함.
論詰(논힐) : 잘못을 낱낱이 따져 비난하고 꾸짖음.

필순: 亠 言 言 計 詰 詰

부록

자의(字義) 및 어의(語義)의 변화

1. 같은 뜻을 가진 글자로 이루어진 말 (類義結合語)

歌(노래 가) - 謠(노래 요)
家(집 가) - 屋(집 옥)
覺(깨달을 각) - 悟(깨달을 오)
間(사이 간) - 隔(사이뜰 격)
居(살 거) - 住(살 주)
揭(높이들 게) - 揚(올릴 양)
堅(굳을 견) - 固(굳을 고)
雇(품팔 고) - 傭(품팔이 용)
攻(칠 공) - 擊(칠 격)
恭(공손할 공) - 敬(공경할 경)
恐(두려울 공) - 怖(두려울 포)
空(빌 공) - 虛(빌 허)
貢(바칠 공) - 獻(드릴 헌)
過(지날 과) - 去(갈 거)
具(갖출 구) - 備(갖출 비)
飢(주릴 기) - 餓(주릴 아)
技(재주 기) - 藝(재주 예)
敦(도타울 돈) - 篤(도타울 독)
勉(힘쓸 면) - 勵(힘쓸 려)
滅(멸망할 멸) - 亡(망할 망)
毛(털 모) - 髮(터럭 발)
茂(우거질 무) - 盛(성할 성)
返(돌이킬 반) - 還(돌아올 환)
法(법 법) - 典(법 전)

附(붙을 부) - 屬(붙을 속)
扶(도울 부) - 助(도울 조)
墳(무덤 분) - 墓(무덤 묘)
批(비평할 비) - 評(평론할 평)
舍(집 사) - 宅(집 택)
釋(풀 석) - 放(놓을 방)
選(가릴 선) - 擇(가릴 택)
洗(씻을 세) - 濯(빨 탁)
樹(나무 수) - 木(나무 목)
始(처음 시) - 初(처음 초)
身(몸 신) - 體(몸 체)
尋(찾을 심) - 訪(찾을 방)
哀(슬플 애) - 悼(슬퍼할 도)
念(생각할 염) - 慮(생각할 려)
要(구할 요) - 求(구할 구)
憂(근심 우) - 愁(근심 수)
怨(원망할 원) - 恨(한할 한)
隆(성할 융) - 盛(성할 성)
恩(은혜 은) - 惠(은혜 혜)
衣(옷 의) - 服(옷 복)
災(재앙 재) - 禍(재앙 화)
貯(쌓을 저) - 蓄(쌓을 축)
淨(깨끗할 정) - 潔(깨끗할 결)
精(정성 정) - 誠(정성 성)

製(지을 제) - 作(지을 작)
製(지을 제) - 造(지을 조)
終(마칠 종) - 了(마칠 료)
住(살 주) - 居(살 거)
俊(뛰어날 준) - 秀(빼어날 수)
中(가운데 중) - 央(가운데 앙)
知(알 지) - 識(알 식)
珍(보배 진) - 寶(보배 보)
進(나아갈 진) - 就(나아갈 취)
質(물을 질) - 問(물을 문)
倉(곳집 창) - 庫(곳집 고)
菜(나물 채) - 蔬(나물 소)
尺(자 척) - 度(자 도)
淸(맑을 청) - 潔(깨끗할 결)
聽(들을 청) - 聞(들을 문)
淸(맑을 청) - 淨(맑을 정)
打(칠 타) - 擊(칠 격)
討(칠 토) - 伐(칠 벌)
鬪(싸움 투) - 爭(다툴 쟁)
畢(마칠 필) - 竟(마침내 경)
寒(찰 한) - 冷(찰 냉)
恒(항상 항) - 常(항상 상)
和(화할 화) - 睦(화목할 목)
歡(기쁠 환) - 喜(기쁠 희)

皇(임금 황) - 帝(임금 제)　　希(바랄 희) - 望(바랄 망)

2. 반대의 뜻을 가진 글자로 이루어진 말 (反義結合語)

加(더할 가) ↔ 減(덜 감)
可(옳을 가) ↔ 否(아닐 부)
干(방패 간) ↔ 戈(창 과)
强(강할 강) ↔ 弱(약할 약)
開(열 개) ↔ 閉(닫을 폐)
去(갈 거) ↔ 來(올 래)
輕(가벼울 경) ↔ 重(무거울 중)
慶(경사 경) ↔ 弔(조상할 조)
經(날 경) ↔ 緯(씨 위)
乾(하늘 건) ↔ 坤(땅 곤)
姑(시어미 고) ↔ 婦(며느리 부)
苦(괴로울 고) ↔ 樂(즐거울 락)
高(높을 고) ↔ 低(낮을 저)
功(공 공) ↔ 過(허물 과)
攻(칠 공) ↔ 防(막을 방)
近(가까울 근) ↔ 遠(멀 원)
吉(길할 길) ↔ 凶(흉할 흉)
難(어려울 난) ↔ 易(쉬울 이)
濃(짙을 농) ↔ 淡(엷을 담)
斷(끊을 단) ↔ 續(이을 속)
當(마땅 당) ↔ 落(떨어질 락)
貸(빌릴 대) ↔ 借(빌려줄 차)
得(얻을 득) ↔ 失(잃을 실)

來(올 래) ↔ 往(갈 왕)
冷(찰 랭) ↔ 溫(따뜻할 온)
矛(창 모) ↔ 盾(방패 순)
問(물을 문) ↔ 答(답할 답)
賣(팔 매) ↔ 買(살 매)
明(밝을 명) ↔ 暗(어두울 암)
美(아름다울 미) ↔ 醜(추할 추)
腹(배 복) ↔ 背(등 배)
夫(지아비 부) ↔ 妻(아내 처)
浮(뜰 부) ↔ 沈(잠길 침)
貧(가난할 빈) ↔ 富(넉넉할 부)
死(죽을 사) ↔ 活(살 활)
盛(성할 성) ↔ 衰(쇠잔할 쇠)
成(이룰 성) ↔ 敗(패할 패)
善(착할 선) ↔ 惡(악할 악)
損(덜 손) ↔ 益(더할 익)
送(보낼 송) ↔ 迎(맞을 영)
疎(드물 소) ↔ 密(빽빽할 밀)
需(쓸 수) ↔ 給(줄 급)
首(머리 수) ↔ 尾(꼬리 미)
受(받을 수) ↔ 授(줄 수)
昇(오를 승) ↔ 降(내릴 강)
勝(이길 승) ↔ 敗(패할 패)

始(비로소 시) ↔ 終(마칠 종)
始(비로소 시) ↔ 末(끝 말)
新(새 신) ↔ 舊(옛 구)
伸(펼 신) ↔ 縮(오그라들 축)
深(깊을 심) ↔ 淺(얕을 천)
安(편안할 안) ↔ 危(위태할 위)
愛(사랑 애) ↔ 憎(미워할 증)
哀(슬플 애) ↔ 歡(기뻐할 환)
抑(누를 억) ↔ 揚(들날릴 양)
榮(영화 영) ↔ 辱(욕될 욕)
緩(느릴 완) ↔ 急(급할 급)
往(갈 왕) ↔ 復(돌아올 복)
優(넉넉할 우) ↔ 劣(용렬할 렬)
恩(은혜 은) ↔ 怨(원망할 원)
陰(그늘 음) ↔ 陽(볕 양)
離(떠날 리) ↔ 合(합할 합)
隱(숨을 은) ↔ 現(나타날 현)
任(맡길 임) ↔ 免(면할 면)
雌(암컷 자) ↔ 雄(수컷 웅)
早(이를 조) ↔ 晩(늦을 만)
朝(아침 조) ↔ 夕(저녁 석)
尊(높을 존) ↔ 卑(낮을 비)
主(주인 주) ↔ 從(따를 종)

眞(참 진) ↔ 僞(거짓 위)
增(더할 증) ↔ 減(덜 감)
集(모을 집) ↔ 散(흩을 산)
添(더할 첨) ↔ 削(깎을 삭)
淸(맑을 청) ↔ 濁(흐릴 탁)

出(날 출) ↔ 納(들일 납)
親(친할 친) ↔ 疎(성길 소)
表(겉 표) ↔ 裏(속 리)
寒(찰 한) ↔ 暖(따뜻할 난)
禍(재화 화) ↔ 福(복 복)

虛(빌 허) ↔ 實(열매 실)
厚(두터울 후) ↔ 薄(엷을 박)
喜(기쁠 희) ↔ 悲(슬플 비)

3. 서로 상반 되는 말 (相對語)

可決(가결) ↔ 否決(부결)
架空(가공) ↔ 實際(실제)
假象(가상) ↔ 實在(실재)
加熱(가열) ↔ 冷却(냉각)
干涉(간섭) ↔ 放任(방임)
減少(감소) ↔ 增加(증가)
感情(감정) ↔ 理性(이성)
剛健(강건) ↔ 柔弱(유약)
强硬(강경) ↔ 柔和(유화)
開放(개방) ↔ 閉鎖(폐쇄)
個別(개별) ↔ 全體(전체)
客觀(객관) ↔ 主觀(주관)
客體(객체) ↔ 主體(주체)
巨大(거대) ↔ 微少(미소)
巨富(거부) ↔ 極貧(극빈)
拒絶(거절) ↔ 承諾(승낙)
建設(건설) ↔ 破壞(파괴)
乾燥(건조) ↔ 濕潤(습윤)
傑作(걸작) ↔ 拙作(졸작)

儉約(검약) ↔ 浪費(낭비)
輕減(경감) ↔ 加重(가중)
經度(경도) ↔ 緯度(위도)
輕率(경솔) ↔ 愼重(신중)
輕視(경시) ↔ 重視(중시)
高雅(고아) ↔ 卑俗(비속)
固定(고정) ↔ 流動(유동)
高調(고조) ↔ 低調(저조)
供給(공급) ↔ 需要(수요)
空想(공상) ↔ 現實(현실)
過激(과격) ↔ 穩健(온건)
官尊(관존) ↔ 民卑(민비)
光明(광명) ↔ 暗黑(암흑)
巧妙(교묘) ↔ 拙劣(졸렬)
拘禁(구금) ↔ 釋放(석방)
拘束(구속) ↔ 放免(방면)
求心(구심) ↔ 遠心(원심)
屈服(굴복) ↔ 抵抗(저항)
權利(권리) ↔ 義務(의무)

急性(급성) ↔ 慢性(만성)
急行(급행) ↔ 緩行(완행)
肯定(긍정) ↔ 否定(부정)
旣決(기결) ↔ 未決(미결)
奇拔(기발) ↔ 平凡(평범)
飢餓(기아) ↔ 飽食(포식)
吉兆(길조) ↔ 凶兆(흉조)
樂觀(낙관) ↔ 悲觀(비관)
落第(낙제) ↔ 及第(급제)
樂天(낙천) ↔ 厭世(염세)
暖流(난류) ↔ 寒流(한류)
濫用(남용) ↔ 節約(절약)
朗讀(낭독) ↔ 默讀(묵독)
內容(내용) ↔ 形式(형식)
老練(노련) ↔ 未熟(미숙)
濃厚(농후) ↔ 稀薄(희박)
能動(능동) ↔ 被動(피동)
多元(다원) ↔ 一元(일원)
單純(단순) ↔ 複雜(복잡)

單式(단식) ↔ 複式(복식)
短縮(단축) ↔ 延長(연장)
大乘(대승) ↔ 小乘(소승)
對話(대화) ↔ 獨白(독백)
都心(도심) ↔ 郊外(교외)
獨創(독창) ↔ 模倣(모방)
滅亡(멸망) ↔ 興隆(흥륭)
名譽(명예) ↔ 恥辱(치욕)
無能(무능) ↔ 有能(유능)
物質(물질) ↔ 精神(정신)
密集(밀집) ↔ 散在(산재)
反抗(반항) ↔ 服從(복종)
放心(방심) ↔ 操心(조심)
背恩(배은) ↔ 報恩(보은)
凡人(범인) ↔ 超人(초인)
別居(별거) ↔ 同居(동거)
保守(보수) ↔ 進步(진보)
本業(본업) ↔ 副業(부업)
富裕(부유) ↔ 貧窮(빈궁)
不實(부실) ↔ 充實(충실)
敷衍(부연) ↔ 省略(생략)
否認(부인) ↔ 是認(시인)
分析(분석) ↔ 綜合(종합)
紛爭(분쟁) ↔ 和解(화해)
不運(불운) ↔ 幸運(행운)
非番(비번) ↔ 當番(당번)

非凡(비범) ↔ 平凡(평범)
悲哀(비애) ↔ 歡喜(환희)
死後(사후) ↔ 生前(생전)
削減(삭감) ↔ 添加(첨가)
散文(산문) ↔ 韻文(운문)
相剋(상극) ↔ 相生(상생)
常例(상례) ↔ 特例(특례)
喪失(상실) ↔ 獲得(획득)
詳述(상술) ↔ 略述(약술)
生食(생식) ↔ 火食(화식)
先天(선천) ↔ 後天(후천)
成熟(성숙) ↔ 未熟(미숙)
消極(소극) ↔ 積極(적극)
所得(소득) ↔ 損失(손실)
疎遠(소원) ↔ 親近(친근)
淑女(숙녀) ↔ 紳士(신사)
順行(순행) ↔ 逆行(역행)
靈魂(영혼) ↔ 肉體(육체)
憂鬱(우울) ↔ 明朗(명랑)
連敗(연패) ↔ 連勝(연승)
偶然(우연) ↔ 必然(필연)
恩惠(은혜) ↔ 怨恨(원한)
依他(의타) ↔ 自立(자립)
人爲(인위) ↔ 自然(자연)
立體(입체) ↔ 平面(평면)
入港(입항) ↔ 出港(출항)

自動(자동) ↔ 手動(수동)
自律(자율) ↔ 他律(타율)
自意(자의) ↔ 他意(타의)
敵對(적대) ↔ 友好(우호)
絕對(절대) ↔ 相對(상대)
漸進(점진) ↔ 急進(급진)
靜肅(정숙) ↔ 騷亂(소란)
正午(정오) ↔ 子正(자정)
定着(정착) ↔ 漂流(표류)
弔客(조객) ↔ 賀客(하객)
直系(직계) ↔ 傍系(방계)
眞實(진실) ↔ 虛僞(허위)
質疑(질의) ↔ 應答(응답)
斬新(참신) ↔ 陣腐(진부)
縮小(축소) ↔ 擴大(확대)
快樂(쾌락) ↔ 苦痛(고통)
快勝(쾌승) ↔ 慘敗(참패)
好況(호황) ↔ 不況(불황)
退化(퇴화) ↔ 進化(진화)
敗北(패배) ↔ 勝利(승리)
虐待(학대) ↔ 優待(우대)
合法(합법) ↔ 違法(위법)
好材(호재) ↔ 惡材(악재)
好轉(호전) ↔ 逆轉(역전)
興奮(흥분) ↔ 鎭靜(진정)

4. 같은 뜻과 비슷한 뜻을 가진 말 (同義語, 類義語)

巨商(거상) - 大商(대상)
謙遜(겸손) - 謙虛(겸허)
共鳴(공명) - 首肯(수긍)
古刹(고찰) - 古寺(고사)
交涉(교섭) - 折衝(절충)
飢死(기사) - 餓死(아사)
落心(낙심) - 落膽(낙담)
妄想(망상) - 夢想(몽상)
謀陷(모함) - 中傷(중상)
矛盾(모순) - 撞着(당착)
背恩(배은) - 亡德(망덕)
寺院(사원) - 寺刹(사찰)
象徵(상징) - 表象(표상)
書簡(서간) - 書翰(서한)
視野(시야) - 眼界(안계)
淳朴(순박) - 素朴(소박)
始祖(시조) - 鼻祖(비조)
威脅(위협) - 脅迫(협박)
一豪(일호) - 秋豪(추호)
要請(요청) - 要求(요구)
精誠(정성) - 至誠(지성)
才能(재능) - 才幹(재간)
嫡出(적출) - 嫡子(적자)
朝廷(조정) - 政府(정부)

學費(학비) - 學資(학자)
土臺(토대) - 基礎(기초)
答書(답서) - 答狀(답장)
瞑想(명상) - 思想(사상)
侮蔑(모멸) - 凌蔑(능멸)
莫論(막론) - 勿論(물론)
貿易(무역) - 交易(교역)
放浪(방랑) - 流浪(유랑)
符合(부합) - 一致(일치)
昭詳(소상) - 仔細(자세)
順從(순종) - 服從(복종)
兵營(병영) - 兵舍(병사)
上旬(상순) - 初旬(초순)
永眠(영면) - 別世(별세)
戰歿(전몰) - 戰死(전사)
周旋(주선) - 斡旋(알선)
弱點(약점) - 短點(단점)
類似(유사) - 恰似(흡사)
天地(천지) - 乾坤(건곤)
滯留(체류) - 滯在(체재)
招待(초대) - 招請(초청)
祭需(제수) - 祭物(제물)
造花(조화) - 假花(가화)
他鄕(타향) - 他官(타관)

海外(해외) - 異域(이역)
畢竟(필경) - 結局(결국)
戱弄(희롱) - 籠絡(농락)
寸土(촌토) - 尺土(척토)
煩悶(번민) - 煩惱(번뇌)
先考(선고) - 先親(선친)
同窓(동창) - 同門(동문)
目睹(목도) - 目擊(목격)
思考(사고) - 思惟(사유)
觀點(관점) - 見解(견해)
矜持(긍지) - 自負(자부)
丹靑(단청) - 彩色(채색)

5. 음은 같고 뜻이 다른 말 (同音異義語)

가계
- 家系 : 한 집안의 계통.
- 家計 : 살림살이.

가구
- 家口 : 주거와 생계 단위.
- 家具 : 살림에 쓰이는 세간.

가사
- 歌詞 : 노랫말.
- 歌辭 : 조선시대에 성행했던 시가(詩歌)의 형태.
- 家事 : 집안 일.
- 假死 : 죽음에 가까운 상태.
- 袈裟 : 승려가 입는 승복.

가설
- 假設 : 임시로 설치함.
- 假說 : 가정해서 하는 말.

가장
- 家長 : 집안의 어른.
- 假裝 : 가면으로 꾸밈.
- 假葬 : 임시로 만든 무덤.

감상
- 感想 : 마음에 느끼어 일어나는 생각.
- 鑑賞 : 예술 작품 따위를 이해하고 음미함.
- 感傷 : 마음에 느껴 슬퍼함.

개량
- 改良 : 고쳐서 좋게 함.
- 改量 : 다시 측정함.

개정
- 改定 : 고쳐서 다시 정함.
- 改正 : 바르게 고침.
- 改訂 : 고쳐서 정정함

결의
- 決議 : 의안이나 의제 등의 가부를 회의에서 결정함.
- 決意 : 뜻을 정하여 굳게 마음 먹음.
- 結義 : 남남끼리 친족의 의리를 맺음.

부록 313

경계
- 警戒 : 범죄나 사고 등이 일어나지 않도록 미리 조심함.
- 敬啓 : '삼가 말씀 드립니다'의 뜻.
- 境界 : 지역이 나누어지는 한계.

경기
- 競技 : 운동이나 무예 등의 기술, 능력을 겨루어 승부를 가림.
- 京畿 : 서울을 중심으로 한 가까운 지방.
- 景氣 : 기업을 중심으로 한 여러 가지 경제의 상태.

경비
- 警備 : 경계하고 지킴.
- 經費 : 일을 처리하는데 드는 비용.

경로
- 經路 : 일이 되어 가는 형편이나 순서.
- 敬老 : 노인을 공경함.

공론
- 公論 : 공평한 의론.
- 空論 : 쓸데없는 의론.

공약
- 公約 : 공중(公衆)에 대한 약속.
- 空約 : 헛된 약속.

과정
- 過程 : 일이 되어가는 경로.
- 課程 : 과업의 정도. 학년의 정도에 따른 과목.

교감
- 校監 : 학교장을 보좌하여 학교 업무를 감독하는 직책.
- 交感 : 서로 접촉하여 감응함.
- 矯監 : 교도관 계급의 하나.

교단
- 校壇 : 학교의 운동장에 만들어 놓은 단.
- 敎壇 : 교실에서 교사가 강의할 때 올라서는 단.
- 敎團 : 같은 교의(敎義)를 믿는 사람끼리 모여 만든 종교 단체.

교정
- 校訂 : 출판물의 잘못된 글자나 어구 따위를 바르게 고침.
- 校正 : 잘못된 글자를 대조하여 바로잡음.
- 校庭 : 학교 운동장.
- 矯正 : 좋지 않은 버릇이나 결점 따위를 바로 잡아 고침.

구전
- 口傳 : 입으로 전하여 짐. 말로 전해 내려옴.
- 口錢 : 흥정을 붙여주고 그 보수로 받는 돈.

구조	救助 : 위험한 상태에 있는 사람을 도와서 구원함. 構造 : 어떤 물건이나 조직체 따위의 전체를 이루는 관계.
구호	救護 : 어려운 사람을 보호함. 口號 : 대중집회나 시위 등에서 어떤 주장이나 요구를 나타내는 짧은 문구.
귀중	貴中 : 편지를 받을 단체의 이름 뒤에 쓰이는 높임말. 貴重 : 매우 소중함.
금수	禽獸 : 날짐승과 길짐승. 禁輸 : 수출이나 수입을 금지함. 錦繡 : 수놓은 비단.
급수	給水 : 물을 공급함. 級數 : 기술의 우열을 가르는 등급.
기능	技能 : 기술상의 재능. 機能 : 작용, 또는 어떠한 기관의 활동 능력.
기사	技士 : 기술직의 이름. 棋士 : 바둑을 전문적으로 두는 사람. 騎士 : 말을 탄 무사. 記事 : 사실을 적음. 신문이나 잡지 등에 어떤 사실을 실어 알리는 일. 記寫 : 기록하여 씀.
기수	旗手 : 단체 행진 중에서 표시가 되는 깃발을 든 사람. 騎手 : 말을 타는 사람. 機首 : 비행기의 앞머리.
기원	紀元 : 역사상으로 연대를 계산할 때에 기준이 되는 첫 해. 나라를 세운 첫 해. 祈願 : 소원이 이루어지기를 빎. 起源 : 사물이 생긴 근원. 棋院 : 바둑을 두려는 사람에게 장소를 제공하는 업소.
노력	努力 : 어떤 일을 하는데 드는 힘. 생산에 드는 인력(人力). 努力 : 어떤 일을 이루기 위하여 힘을 다하여 애씀.

노장
- 老壯 : 늙은이와 장년.
- 老莊 : 노자와 장자.
- 老將 : 늙은 장수. 오랜 경험으로 뛰어난 능력을 가진 사람.

녹음
- 綠陰 : 푸른 잎이 우거진 나무 그늘.
- 錄音 : 소리를 재생할 수 있도록 기계로 기록하는 일.

단절
- 斷絶 : 관계를 끊음.
- 斷切 : 꺾음. 부러뜨림.

단정
- 端整 : 깔끔하고 가지런함. 얼굴 모습이 반듯하고 아름다움.
- 斷情 : 정을 끊음.
- 斷定 : 분명한 태도로 결정함. 명확하게 판단을 내림.

단편
- 短篇 : 소설이나 영화 등에서 길이가 짧은 작품.
- 斷片 : 여럿으로 끊어진 조각.
- 斷編 : 조각조각 따로 떨어진 짧은 글.

동지
- 冬至 : 24절기의 하나.
- 同志 : 뜻을 같이 하는 일. 또는 그런 사람.

동정
- 動靜 : 움직임과 조용함.
- 童貞 : 이성과의 성적 관계가 아직 없는 순결성 또는 사람. 가톨릭에서 '수도자'를 일컫는 말.
- 同情 : 남의 불행이나 슬픔 따위를 자기 일처럼 생각하여 가슴 아파함.

발전
- 發展 : 세력 따위가 널리 뻗어 나감.
- 發電 : 전기를 일으킴.

방문
- 訪問 : 남을 찾아봄.
- 房門 : 방으로 드나드는 문.

방화
- 防火 : 불이 나지 않도록 미리 단속함.
- 放火 : 일부러 불을 지름.
- 邦畵 : 우리 나라 영화.
- 邦貨 : 우리 나라 화폐.

보고
- 寶庫 : 귀중한 것이 갈무리되어 있는 곳.
- 報告 : 결과나 내용을 알림.

보도
- 步道 : 사람이 다니는 길.
- 報道 : 신문이나 방송으로 새 소식을 널리 알림.
- 寶刀 : 보배로운 칼.

부인
- 婦人 : 기혼 여자.
- 夫人 : 남의 아내를 높이어 이르는 말.
- 否認 : 인정하지 않음.

부정
- 否定 : 그렇지 않다고 단정함.
- 不正 : 바르지 못함.
- 不貞 : 여자가 정조를 지키지 않음.
- 不淨 : 깨끗하지 못함.

비행
- 非行 : 도리나 도덕 또는 법규에 어긋나는 행위.
- 飛行 : 항공기 따위의 물체가 하늘을 날아다님.

비명
- 碑銘 : 비(碑)에 새긴 글.
- 悲鳴 : 몹시 놀라거나 괴롭거나 다급할 때에 지르는 외마디 소리.
- 非命 : 제 목숨대로 살지 못함.

비보
- 飛報 : 급한 통지.
- 悲報 : 슬픈 소식.

사고
- 思考 : 생각하고 궁리함.
- 事故 : 뜻밖에 잘못 일어나거나 저절로 일어난 사건이나 탈.
- 四苦 : 불교에서, 사람이 한 평생을 살면서 겪는 생(生), 노(老), 병(病), 사(死)의 네 가지 괴로움을 이르는 말.
- 史庫 : 조선 시대 때, 역사 기록이나 중요한 서적을 보관하던 정부의 곳집.
- 社告 : 회사에서 내는 광고.

사상
- 史上 : 역사상.
- 死傷 : 죽음과 다침.
- 事象 : 어떤 사정 밑에서 일어나는 사건이나 사실.
- 思想 : 생각이나 의견. 사고 작용으로 얻은 체계적 의식 내용.

사서	辭書 : 사전. 四書 : 유교 경전인 논어(論語), 맹자(孟子), 대학(大學), 중용(中庸)을 말함. 史書 : 역사에 관한 책.
사수	射手 : 총포나 활 따위를 쏘는 사람. 死守 : 목숨을 걸고 지킴. 詐數 : 속임수.
사실	史實 : 역사에 실제로 있는 사실(事實). 寫實 : 사물을 실제 있는 그대로 그려냄. 事實 : 실제로 있었던 일.
사은	師恩 : 스승의 은혜. 謝恩 : 입은 은혜에 대하여 감사함. 私恩 : 개인끼리 사사로이 입은 은혜.
사장	社長 : 회사의 우두머리. 査丈 : 사돈집의 웃어른. 射場 : 활 쏘는 터.
사전	辭典 : 낱말을 모아 일정한 순서로 배열하여 싣고 그 발음, 뜻 등을 해설한 책. 事典 : 여러 가지 사물이나 사항을 모아 그 하나 하나에 장황한 해설을 붙인 책. 私田 : 개인 소유의 밭. 事前 : 무슨 일이 일어나기 전.
사정	査正 : 그릇된 것을 조사하여 바로잡음. 司正 : 공직에 있는 사람의 질서와 규율을 바로 잡는 일. 事情 : 일의 형편이나 그렇게 된 까닭.
상가	商街 : 상점이 줄지어 많이 늘어 서 있는 거리. 商家 : 장사를 업으로 하는 집. 喪家 : 초상난 집.
상품	上品 : 높은 품격. 상치. 극락정토의 최상급. 商品 : 사고 파는 물건. 賞品 : 상으로 주는 물품.

성대 { 盛大 : 행사의 규모, 집회, 기세 따위가 아주 거창함.
聲帶 : 후두 중앙에 있는, 소리를 내는 기관.

성시 { 成市 : 장이 섬. 시장을 이룸.
盛市 : 성황을 이룬 시장.
盛時 : 나이가 젊고 혈기가 왕성한 때.

수도 { 首都 : 한 나라의 중앙 정부가 있는 도시.
水道 : 상수도와 하수도를 두루 이르는 말.
修道 : 도를 닦음.

수상 { 受賞 : 상을 받음.
首相 : 내각의 우두머리. 국무총리.
殊常 : 언행이나 차림새 따위가 보통과 달리 이상함.
隨想 : 사물을 대할 때의 느낌이나 그때그때 떠오르는 생각.
受像 : 텔레비전이나 전송 사진 등에서, 영상(映像)을 전파로 받아 상(像)을 비침.

수석 { 首席 : 맨 윗자리. 석차 따위의 제1위.
壽石 : 생긴 모양이나 빛깔, 무늬 등이 묘하고 아름다운 천연석.
樹石 : 나무와 돌.
水石 : 물과 돌. 물과 돌로 이루어진 자연의 경치.

수신 { 受信 : 통신을 받음.
水神 : 물을 다스리는 신.
修身 : 마음과 행실을 바르게 하도록 심신(心身)을 닦음.
守身 : 자기의 본분을 지켜 불의(不義)에 빠지지 않도록 함.

수집 { 收集 : 여러 가지 것을 거두어 모음.
蒐集 : 여러 가지 자료를 찾아 모음.

시기 { 時機 : 어떤 일을 하는 데 알맞을 때.
時期 : 정해진 때. 기간.
猜忌 : 샘하여 미워함.

시상 { 詩想 : 시를 짓기 위한 시인의 착상이나 구상.
施賞 : 상장이나 상품 또는 상금을 줌.

시세 { 時勢 : 시국의 형편.
　　　 市勢 : 시장에서 수요와 공급의 원활한 정도.

시인 { 詩人 : 시를 짓는 사람.
　　　 是認 : 옳다고, 또는 그러하다고 인정함.

실사 { 實事 : 실제로 있는 일.
　　　 實査 : 실제로 검사하거나 조사함.
　　　 實寫 : 실물(實物)이나 실경(實景), 실황(實況) 등을 그리거나 찍음.

실수 { 實數 : 유리수와 무리수를 통틀어 이르는 말.
　　　 失手 : 부주의로 잘못을 저지름.
　　　 實收 : 실제 수입이나 수확.

역설 { 力說 : 힘주어 말함.
　　　 逆說 : 진리와는 반대되는 말을 하는 것처럼 들리나, 잘 생각해 보면 일종의 진리를 나타낸 표현. (사랑의 매, 작은 거인 등)

우수 { 優秀 : 여럿 가운데 특별히 뛰어남.
　　　 憂愁 : 근심과 걱정.

원수 { 元首 : 한 나라의 최고 통치권을 가진 사람.
　　　 怨讐 : 원한이 맺힌 사람.
　　　 元帥 : 군인의 가장 높은 계급, 또는 그 명예 칭호.

유전 { 遺傳 : 끼쳐 내려옴. 양친의 형질(形質)이 자식에게 전해지는 현상.
　　　 流轉 : 이리저리 떠돌아다님.
　　　 油田 : 석유가 나는 곳.
　　　 流傳 : 세상에 널리 퍼짐.

유학 { 儒學 : 유교의 학문.
　　　 留學 : 외국에 가서 공부함.
　　　 遊學 : 타향에 가서 공부함.
　　　 幼學 : 지난 날, 벼슬하지 않은 유생을 이르는 말.

| 이상 | 異狀 : 평소와 다른 상태.
異常 : 보통과는 다른 상태. 어떤 현상이 이미 가지고 있는 경험이나 지식으로는 헤아릴 수 없을 만큼 별남.
異象 : 특수한 현상.
理想 : 각자의 지식이나 경험 범위에서 최고라고 생각되는 상태.

| 이성 | 理性 : 사물의 이치를 논리적으로 생각하고 판단하는 마음의 작용.
異姓 : 다른 성, 타 성.
異性 : 남성 쪽에서 본 여성, 또는 여성 쪽에서 본 남성.

| 이해 | 理解 : 사리를 분별하여 앎.
利害 : 이익과 손해.

| 인도 | 引導 : 가르쳐 이끎. 길을 안내함. 미혹한 중생(衆生)을 이끌어 오도(悟道)에 들게 함.
人道 : 차도 따위와 구별되어 있는 사람이 다니는 길. 사람으로서 지켜야 할 도리.
引渡 : 물건이나 권리 따위를 건네어 줌.

| 인상 | 印象 : 마음에 남는 자취. 접촉한 사물 현상이 기억에 새겨지는 자취나 영향.
引上 : 값을 올림.

| 인정 | 人情 : 사람이 본디 지니고 있는 온갖 심정.
仁政 : 어진 정치.
認定 : 옳다고 믿고 인정함.

| 장관 | 壯觀 : 훌륭한 광경.
長官 : 나라 일을 맡아보는 행정 각부의 책임자.

| 재고 | 再考 : 다시 한 번 생각함.
在庫 : 창고에 있음. '재고품'의 준말.

| 전경 | 全景 : 전체의 경치.
戰警 : '전투 경찰대'의 준말.
前景 : 눈 앞에 펼쳐져 보이는 경치.

| 전시 | 展示 : 물품 따위를 늘어 놓고 일반에게 보임.
戰時 : 전쟁을 하고 있는 때.

정당 { 政黨 : 정치적인 단체.
　　　政堂 : 옛날의 지방 관아.
　　　正當 : 바르고 옳음.

정리 { 定理 : 이미 진리라고 증명된 일반된 명제.
　　　整理 : 흐트러진 것을 바로 잡음.
　　　情理 : 인정과 도리.
　　　正理 : 올바른 도리.

정원 { 定員 : 일정한 규정에 따라 정해진 인원.
　　　庭園 : 집 안의 뜰.
　　　正員 : 정당한 자격을 가진 사람.

정전 { 停電 : 송전(送電)이 한때 끊어짐.
　　　停戰 : 전투 행위를 그침.

조리 { 條理 : 앞 뒤가 들어맞고 체계가 서는 갈피.
　　　調理 : 음식을 만듦.

조선 { 造船 : 배를 건조함.
　　　朝鮮 : 상고 때부터 써내려오던 우리 나라 이름. 이성계가 건국한 나라.

조화 { 調和 : 대립이나 어긋남이 없이 서로 잘 어울림.
　　　造化 : 천지 자연의 이치.
　　　造花 : 인공으로 종이나 헝겊 따위로 만든 꽃.
　　　弔花 : 조상(弔喪)하는 뜻으로 바치는 꽃.

주관 { 主管 : 어떤 일을 책임지고 맡아 관할, 관리함.
　　　主觀 : 외계 및 그 밖의 객체를 의식하는 자아. 자기 대로의 생각.

지급 { 至急 : 매우 급함.
　　　支給 : 돈이나 물품 따위를 내어 줌.

지도 { 指導 : 가르치어 이끌어 줌.
　　　地圖 : 지구를 나타낸 그림.

지성 { 知性 : 인간의 지적 능력.
      至誠 : 정성이 지극함.

지원 { 志願 : 뜻하여 몹시 바람. 그런 염원이나 소원.
      支援 : 지지해 도움. 원조함.

직선 { 直選 : '직접 선거'의 준말.
      直線 : 곧은 줄.

초대 { 招待 : 남을 불러 대접함.
      初代 : 어떤 계통의 첫 번째 차례 또 그 사람의 시대.

최고 { 最古 : 가장 오래됨.
      最高 : 가장 높음. 또는 제일 임.
      催告 : 재촉하는 뜻으로 내는 통지.

축전 { 祝電 : 축하 전보.
      祝典 : 축하하는 식전.

통화 { 通貨 : 한 나라에서 통용되는 화폐.
      通話 : 말을 주고 받음.

표지 { 表紙 : 책의 겉장.
      標紙 : 증거의 표로 글을 적는 종이.

학원 { 學園 : 학교와 기타 교육 기관을 통틀어 이르는 말.
      學院 : 학교가 아닌 사립 교육 기관.

화단 { 花壇 : 화초를 심는 곳.
      畵壇 : 화가들의 사회.

漢字의 특성

1. 한자는 뜻글자이다

한자는 표의문자(表意文字)다. 표의문자란 나타내고자 하는 뜻을 그림이나 부호 등을 이용하여 구체화시킨 글자를 말한다. 따라서 한자는 대체로 하나의 글자가 하나의 뜻을 가진 낱말로 쓰인다. 예를 들면 '日'은 '태양'이란 뜻을 나타내기 위해서 해의 모양을 그린 것이다. 또 '木'은 '나무'라는 뜻을 나타내기 위해서 줄기와 가지와 뿌리의 모양을 그렸다.

$$\ominus \to 日 \qquad \text{木} \to 木$$

2. 한자는 고립어이다

한자는 형태적으로 고립어에 속한다. 고립어란 하나의 낱말이 단지 뜻만을 나타내며, 문장 속에 쓰였을 때는 낱말의 형태에는 변화가 없이 단지 그 자리의 차례로써 문법적 기능을 가지는 언어를 말한다. 따라서 우리말처럼 명사에 조사가 붙어 문법적인 관계를 나타내는 곡용(曲用)과 동사나 형용사의 어미가 여러 꼴로 바뀌는 활용(活用)의 문법적 현상이 없다.

명사의 변화	주 격	소유격	목적격
우리말	나(는) 내(가)	나(의)	나(를)
영 어	I	My	Me
한 자	我	我	我

동사의 변화	기본형	현 재	과 거
우리말	가다	간다	갔다
영 어	Go	Go	Went
한 자	去	去	去

3. 한자의 세 가지 요소

한자는 각각의 글자가 모양[形]과 소리[音]와 뜻[義]의 세 요소를 갖추고 있다. 그런데 이 形·音·義는 여러 가지 모양을 나타내기도 하며, 두 가지 이상의 소리로 읽히기도 하며, 여러 가지의 뜻을 나타내기도 한다. 즉 예를 들면

形: 魚 ▶ 𤋚(갑골문자)→ 𤋚(금문)→ 𤋚(석고문)→ 𤋚(전문)→ 魚(예서)

音: 樂 { (악)풍류 → 音樂(음악)
      (락)즐겁다 → 娛樂(오락)
      (요)즐기다 → 樂山樂水(요산요수)

義: 行 { 가다, 다니다 → 步行(보행)
      흐르다 → 流行(유행)
      행하다 → 逆行(역행)
      가게 → 銀行(은행)

漢字의 구성 원리

한자는 표의문자이기 때문에 각각의 글자가 모두 그러한 뜻을 나타내게 된 방법과 과정이 있게 마련인데, 이 방법과 과정을 하나로 묶어 육서(六書)라고 하며, 이는 구체적으로 상형(象形), 지사(指事), 회의(會意), 형성(形聲), 전주(轉注), 가차(假借)로 구분된다.

육서   상형(象形) · 지사(指事) · 회의(會意) · 형성(形聲) ——— 구성법
        전주(轉注) · 가차(假借) ——— 사용법

1. 상형과 지사

글자를 직접 만들어 내는 방법이다. 형태를 갖고 있는 사물의 모양을 본떠 그려서 만드는 것을 상형(象形), 형태가 없이 추상적 개념을 나타내기 위한 것을 지사(指事)라 한다.

⊙ **상형(象形)** : 사물의 모양을 있는 그대로 본떠서 한자를 만드는 방법이다. 즉 '月'은 달의 이지러진 모양과 달 속의 검은 그림자를 그려서 나타낸 것이고, '山'은 삐쭉삐쭉 솟은 산봉우리의 모양을 본뜬 것인데, 차츰 쓰기 쉽고 보기 좋게 변하여 지금과 같이 쓰는 것이다.

     ᗅ → 刀 → 月   ⛰ → ⛰ → 山

⊙ **지사(指事)** : 숫자나 위치, 동작 등과 같이 구체적인 모양이 없는 것을 그림이나 부호 등으로 나타내어 만드는 방법이다. 예를 들어 위나 아래 같은 것은 본래 구체적인 모양은 없지만 기준이 되는 선을 긋고 그 위나 아래에 있음을 나타내는 것으로 표시할 수 있다.

     ᅩ → 二 → 丄 → 上   ᅮ → 二 → 丅 → 下

※ 또 지사는 상형문자에 부호를 덧붙여 만들기도 한다. 즉 '木'에 획을 하나 그어 '本'이나 '末' 등을 만들거나, '大'에 획을 더해 '天' 또는 '太'를 만드는 것이다.

2. 회의와 형성

상형과 지사의 방법에 의해 만들어진 글자들을 결합하여 만드는 방법이다. 두 개 이상의 글자가 가진 뜻을 합쳐서 만드는 것을 회의(會意)라고 하고, 뜻을 나타내는 글자와 음을 나타내는 글자를 모아 만드는 것을 형성(形聲)이라고 한다.

⊙ **회의(會意)** : 이미 만들어진 글자들에서 뜻과 뜻을 합쳐서 새로운 뜻을 가진 글자를 만드는 방법이다. '田'과 '力'이 합쳐져 밭에서 힘을 쓰는 사람이 바로 남자란 뜻으로 '男'자를 만들거나, '人'과 '言'을 합쳐 사람의 말은 믿음이 있어야 한다는 뜻으로 '信'자를 만드는 것 등이 그 예가 된다.

     力 + 口 → 加   門 + 日 → 間   手 + 斤 → 折   人 + 木 → 休

⊙ **형성(形聲)** : 새로운 뜻의 글자를 만들기 위해서 이미 만들어진 글자를 이용하는 방법이다. 회의는 뜻과 뜻을 합하여 새로운 글자를 만드는 것인데 비해 형성은 한 글자에서는 소리만을 빌려 오고 다른 한 글자에서는 모양을 빌려 와 새로운 뜻을 가진 글자를 만드는 것이다. 즉 마을이란 뜻의 '村'은 '木'에서 그 뜻을 찾아내고 '寸'에서 음을 따와 만들고, 밝다는 뜻의 '爛'은 '火'에서 뜻을 따오고 '蘭'에서 음을 따와 만드는 식이다. 한자에는 이 형성으로 만든 글자가 전체의 80%에 이른다.

雨 + 相 → 霜   木 + 同 → 桐   手 + 妾 → 接   心 + 每 → 悔

3. 전주와 가차

새로운 글자를 만들어내는 것이 아니라 이미 만들어진 글자에서 새로운 뜻을 찾아내는 것을 말한다. 즉 한 글자를 딴 뜻으로 돌려쓰는 것이나 같은 뜻을 가진 글자끼리 서로 섞어서 쓰는 것을 전주(轉注)라고 하고, 이미 만들어진 글자에 원래 뜻과는 전혀 다른 뜻으로 사용하는 것을 가차(假借)라고 한다.

⊙ **전주(轉注)** : 하나의 글자를 비슷한 의미에까지 확장해서 사용하거나 같은 뜻을 가진 비슷한 글자끼리 서로 구별 없이 사용하는 것을 말한다.

① 동일한 글자를 파생적인 용법으로 사용하는 방법이다. 즉 어느 문자를 그것이 나타낸 말과 뜻이 같거나 또는 의미상 관계가 있는 다른 말을 나타내는 데 사용하는 경우이다. 예를 들면 '樂'의 원래 뜻은 '음악'이었으나 음악은 사람의 마음을 즐겁게 해주는 것이므로 '즐겁다'는 뜻으로도 쓰이고 음도 '락'으로 바뀌었다. 또 음악은 사람이 좋아하는 것이므로 '좋아하다'는 뜻으로 쓰여 음도 '요'로 바뀌어 쓰인다.

樂 ┬ (악)풍류→音樂(음악)
   ├ (락)즐겁다→娛樂(오락)
   └ (요)즐기다→樂山樂水(요산요수)

② 모양은 다르고 뜻이 같은 두 개 이상의 글자가 아무런 구별 없이 서로 섞이어 사용되는 방법이다. 이 경우 두 글자 사이에는 서로 발음이 같거나 비슷해야 한다는 조건이 따른다. 가령 '不과 '否'는 모두 '아니다'라는 뜻을 가지고 발음도 비슷하므로 서로 전주될 수 있는 글자이다.

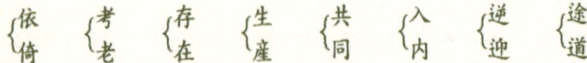

⊙ **가차(假借)** : 이미 만들어진 한자에서 모양이나 소리나 뜻을 빌려 새로 찾아낸 뜻을 대신 사용하는 방법으로, 주로 외래어를 표현하기 위한 수단으로 쓰인다.

① 모양을 빌린 경우 : '弗'이 원래는 '아니다'는 뜻으로, 원래는 돈과는 관계없는 글자였으나 미국의 돈 단위인 달러를 표현하기 위해 '$'과 비슷한 모양을 가진 이 글자를 달러를 나타내는 글자로 사용한 것으로, 이때 발음은 원래 발음인 '불'을 그대로 쓰고 있다.

② 소리를 빌린 경우 : '佛'은 원래 부처와는 아무 상관이 없이 '어그러지다'란 뜻을 가진 글자였으나 부처란 뜻의 인도말 '붓다(Buddha)'를 한자로 옮기기 위해서 소리가 비슷한 이 글자를 빌려다가 '부처'란 뜻을 나타낸 것이다.

③ 뜻을 빌린 경우 : '西'는 원래 새가 둥지에 깃들인 모양을 나타내는 것으로, '깃들이다'는 뜻을 가진 글자였다. 그러나 새가 둥지에 깃들일 때는 해가 서쪽으로 넘어갈 때이기 때문에 '서쪽'이란 의미로 확대해서 사용하게 되었다.

그밖에도 가차의 예를 들어보면 다음과 같은 것들이 있다.

　　可口可樂(커커우커러) → 코카콜라
　　百事可樂(빠이스커러) → 펩시콜라　▶음을 빌린 경우

　　電梯(전기사다리) → 엘리베이터
　　全錄(모두 기록함) → 제록스　▶뜻을 빌린 경우

漢字의 부수

5만자가 넘는 한자를 자획을 중심으로 그 구조를 살펴보면 모두 214개의 공통된 부분이 나타나는데, 이 214개의 공통된 부분을 부수(部首)라고 한다. 즉 그 글자의 모양을 놓고 볼 때 비슷한 요소를 가지고 있는 것끼리 분류할 경우 그 부(部)의 대표가 되는 글자이다. 자전(字典)은 모든 한자를 이 부수로 나누어 매 글자의 음과 뜻을 밝혀 놓는 방식을 사용하고 있다.

예를 들면 '정(丁)', '축(丑)', '세(世)', '구(丘)' 등은 '일(一)'부에 속하고 '필(必)', '사(思)', '쾌(快)', '치(恥)' 등은 '심(心)' 부에 속한다.

부수는 다시 위치에 따라 다음과 같이 구별하여 부른다.

명 칭	위　　　치	모 양	보　　기
변	부수가 글자의 왼쪽에 있는 것	▯	亻(사람인 변) : 仙
방	부수가 글자의 오른쪽에 있는 것	▯	阝(고을읍 방) : 部
머리	부수가 글자의 위쪽에 있는 것	▭	宀(갓머리) : 宗
다리	부수가 글자의 아래쪽에 있는 것	▭	儿(어진사람인 발) : 兄
몸	부수가 글자의 바깥쪽에 있는 것	▢	囗(큰입구) : 國
받침	부수가 글자의 왼쪽으로부터 아래쪽으로 걸쳐 있는 것	▙	辶(책받침) : 進
안	부수가 글자의 위쪽으로부터 왼쪽으로 걸쳐 있는 것	▛	广(엄호 밑, 안) : 度

*부수의 정리 방법과 배열, 명칭 등은 예로부터 일정하지 않다. 후한의 허신(許愼)이 편찬한 〈설문해자(說文解字)〉는 '일(一)', '이(二)', '시(示)'에서 '유(酉), 술(戌), 해(亥)'까지 540부로 나누고, 양(梁)나라의 고야왕(顧野王)이 펴낸 〈옥편(玉篇)〉은 〈설문해자〉의 14부를 더해 542부로 하였다. 부수의 배열은 중국의 옥편을 따르는 의부분류 중심의 것이 많으나 근대에는 주로 획수순(劃數順)에 따라 배열한다. 현행 한한사전(漢韓辭典)은 대부분 '일(一)'에서 '약(龠)'까지 214개의 부수를 획수순으로 배열하고, 부수 내의 한자도 획수에 따라 배열한 〈강희자전(康熙字典)〉을 따르고 있다.

▶자전 찾는 법

모르는 한자를 자전에서 찾는 데는 다음과 같은 세 가지 방법이 있다.

⊙ **부수 색인 이용법** : 찾고자 하는 한자의 부수를 가려내어 부수 색인에서 해당하는 부수가 실린 쪽수를 찾은 다음, 부수를 뺀 나머지 획수를 세어 찾아본다.

⊙ **총획 색인 이용법** : 찾고자 하는 한자의 음이나 부수를 모를 때는 획수를 세어 획수별로 구분해 놓은 총획 색인에서 그 글자를 찾은 다음 거기에 나와 있는 쪽수를 찾아간다.

⊙ **자음 색인 이용법** : 찾고자 하는 글자의 음을 알고 있을 때, 자음 색인에서 그 글자의 쪽수를 확인하여 찾는 방법이다.

※ 획(劃)이란 붓을 한번 대었다가 뗄 때까지 쓰인 점과 선을 말하는데, 이를 자획이라고 한다. 예를 들면, 日은 'l ㄇ 月 日'과 같이 붓을 네 번 떼게 된다. 따라서 이 글자의 획은 모두 4개이다.